Márcio Mendes

40 dias na presença do Senhor

Canção Nova
EDITORA

GERÊNCIA GERAL: Adamir Ferreira
PROJETO EDITORIAL: Ana Luisa Silva e Fogoca
ORGANIZAÇÃO E PREPARAÇÃO: Simone Zack
REVISÃO: Rochelle Lassarot
DIREÇÃO DE ARTE: Kallel Moreira Capucho
PROJETO GRÁFICO E DIAGRAMAÇÃO: Ilton Simões
CAPA: Márcio Mendes
Foto Capa: AdobeStock

Dados Internacionais de Catalogação na Publicação (CIP)
(Câmara Brasileira do Livro, SP, Brasil)

Mendes, Márcio
40 dias na presença do senhor / Márcio Mendes. -- Cachoeira Paulista, SP : Fundação João Paulo II, 2023.

ISBN 978-85-9463-170-1

1. Deus - Adoração e amor 2. Quaresma - Meditações 3. Quaresma - Orações e devoções 4. Semana Santa I. Título.

23-187298 CDD-242.3

Índices para catálogo sistemático:

1. Quaresma : Meditações : Cristianismo 242.3

Tábata Alves da Silva - Bibliotecária - CRB-8/9253

EDITORA CANÇÃO NOVA
Rua João Paulo II, s/n
Alto da Bela Vista
12.630-000
Cachoeira Paulista – SP
Tel.: [55] (12) 3186-2600
E-mail: editora@cancaonova.com
loja.cancaonova.com

Twitter: @editoracn
Instagram: @editoracancaonova

ISBN: 978-85-9463-170-1

Márcio Mendes

40 dias na presença do Senhor

Canção Nova
EDITORA

SUMÁRIO

40 DIAS NA PRESENÇA DO SENHOR

Todos admiramos aquelas pessoas que possuem uma bondade sobrenatural, uma paz e uma força interior que não se abalam nem nos piores momentos. São frágeis e fortes ao mesmo tempo. Enquanto alguns se perguntam o que as torna tão diferentes, outros acreditam que essa atitude tem a ver com seu temperamento ou índole, mas a verdade é que essa força para resistir aos embates da vida e aos ataques do mal é um dom e uma conquista. Dom de Deus somado ao empenho de cada pessoa. E quando a vontade de alguém se encontra com a vontade de Deus, acontece o milagre: uma vida nova começa pelo poder do mesmo Espírito Santo que ressuscitou Jesus dos mortos. Essa vida maravilhosa, cheia de liberdade e autoridade, uma vez adquirida, pode e deve ser desenvolvida e aprimorada quando nos deixamos conduzir por Deus, pelos ensinamentos dos homens e mulheres santos que vieram antes de nós.

Neste livro, você vai se deparar com o caminho que deve percorrer na presença do Senhor para que essa força possa reluzir também em você. É um caminho de purificação, de conversão e de santidade.

Quais são os três principais pilares de um tempo de arrependimento, conversão e santificação? Desde a antiguidade, os que se viam impelidos a buscar a Deus adotavam algumas práticas para viver melhor esse tempo. Podemos estabelecer três pontos essenciais: a oração, o jejum e as obras de misericórdia, também chamadas de esmola. Na oração, buscamos a Deus e nos colocamos em diálogo com Ele, abertos à sua vontade.

Veja aqui nove propostas práticas para viver esse tempo de modo eficaz:

1 Viva bem esses 40 dias em espírito de recolhimento e oração – Viver a Quaresma ou a Semana Santa na presença de Jesus é uma ótima maneira de limpar e curar a própria vida: é buscar a santidade!

2 Convide a sua família para rezar – Pode ser para rezar o terço juntos, ou criar o hábito de rezar antes das refeições, ou de orar com a Palavra de Deus antes de dormir.

3 Viver os sacramentos com profundidade – Comece pelo sacramento da confissão. É difícil chegar ao destino quando a estrada está bloqueada; é preciso remover os entulhos. A confissão tem esse poder de remover os bloqueios que nos impediam de ir ao nosso Deus e desfrutar de toda graça que Ele tem para nos dar.

4 Ore a Paixão do Senhor – Peça ao Espírito Santo que leve você espiritualmente ao Calvário para que possa contemplar tudo o que o Senhor fez para nos salvar. Beba nas fontes da redenção.

5 Busque sua cura e fortalecimento na Eucaristia – A Eucaristia é remédio para todas as nossas enfermidades e força para nossas fraquezas. Por meio dela, o Senhor nos envolve no calor do seu amor que cura. A madre Teresa de Calcutá tem um dito verdadeiro e belo a respeito desse amor: "Quando você olha para o crucifixo,

você entende então o quanto Jesus o amou. Quando você olha para a Sagrada Hóstia, você entende o quanto Jesus o ama agora." Busque esse amor na missa e nos momentos de adoração ao Santíssimo Sacramento.

6 Vá com Nossa Senhora – Nenhuma pessoa humana esteve tão presente na vida de Jesus como Maria. Ninguém conhece os segredos da oração e o caminho da santidade como a Virgem Mãe de Deus. Peça, e ela vai ensiná-los a você.

7 Faça amizade com São José – Ele viveu primeiro o que você deseja agora. Não é à toa que no combate espiritual ele é chamado o terror dos demônios. Ninguém que se disponha a se converter ao Senhor vai conseguir isso sem ser combatido. Conte com esse fiel companheiro, sobretudo na luta contra as tentações de caráter sexual.

8 Mova-se – Coloque a sua fé em ação. Tenha propósitos que façam a teoria transformar-se em vida, em realidade. Planeje os passos que você dará em cada um desses dias.

9 Sorria – Recolhimento não é tristeza. Esse tempo é de profunda graça e acompanhado de muitas bênçãos. Então, em toda circunstância, desde o nascer ao pôr do sol, vamos dar graças e louvar ao Senhor.

Ao colocar em prática essas propostas, não se surpreenda quando começar a experimentar uma paz e uma segurança como nunca havia tido em sua vida. Começará a amar de uma forma diferente. Estará capacitado para romper com o pecado e estará revestido de uma força do alto para testemunhar Jesus. Passará a ter gosto pela oração e fome da Palavra de Deus. E, acima de tudo, terá uma presença de Deus em sua vida que não se afastará de você. É Cristo que levou a sério a sua decisão de se colocar na presença Dele para lhe dar a graça de viver de uma forma nova em sua vida pelo seu Espírito.

Este livro traz o conhecimento de que precisamos para abandonar o que existe de velho e doente em nós e dar espaço ao homem e à mulher novos que Deus vai suscitar. Ele foi escrito de maneira que em cada dia você tenha uma direção dada pela Palavra de Deus, um ensinamento que aprofunde a sua fé, uma oração e a sugestão de algo que agradará a Deus se você o fizer.

Para cada dia sugerimos um propósito com a intenção de ajudar, no entanto, você pode mudá-lo, escolher um outro e fazer não somente um. O importante é ter ao menos um propósito que o leve a fazer o bem concretamente.

Pronto! Agora é só começar.

Dia 1

LIMPA O TEU CORAÇÃO

"Eles seguem um plano que não vem de mim, diz o Senhor. Concluem tratos que contrariam o meu espírito, acumulando, assim, pecado sobre pecado. Por isso, Deus lhes declara: 'Tendo em vista que rejeitais esta advertência para confiar em meios tortuosos e perversos e procurar aí vosso apoio, esse pecado será para vós como uma brecha que desce, rachando uma alta parede, cujo desmoronamento vem de repente sem que se espere. E se espatifa, como quando se quebra um pote de barro, despedaçado sem piedade; e depois não se acha entre os pedaços um caco sequer para tirar uma brasa da fogueira ou um pouco de água da cisterna.'" (Is 30,1; 12-14).

Muitas pessoas reclamam que em sua vida "tudo dá errado", mas, para que as coisas deem certo, é preciso fazer o que é certo. Alguma vez você já viu a vida de alguém dar certo com a pessoa fazendo somente o que é errado? Creio que não. É preciso fazer o certo para que a vida dê certo.

O que nos diz a Palavra de Deus a esse respeito quando a pergunta é: "Por que certas coisas não estão indo bem para mim?" Ela responde que, quando o ser humano perde a esperança no bem, quando deixa de confiar em Deus para se apoiar nas trapaças e na malícia, isso causa como uma rachadura, uma trinca no que ele está fazendo, surge uma fenda em sua vida. Em princípio, nada se nota. Tudo parece estar correndo bem enquanto a pessoa continua usando de malícia para enganar os outros, explorando os mais fracos, ingênuos e necessitados; parece que dia após dia seus empreendimentos vão ganhando expressão, prosperando.

Mas, de repente, tudo começa a desmoronar. Quando menos se espera, o relacionamento pecaminoso desaba, a empresa entra no vermelho, o crime escondido é descoberto, os comparsas a abandonam, a saúde desanda, o medo e a insegurança se apoderam de sua alma, etc. O que é construído em cima de pecado e injustiça, mais cedo ou mais tarde, vai desabar de tal maneira que não vai sobrar um caco sequer.

Eis o motivo: "Eles seguem um plano que não vem de mim, diz o Senhor. Concluem tratos que contrariam o meu espírito, acumulando, assim, pecado sobre pecado" (Is 30,1).

Por isso, Deus lhes declara: "Tendo em vista que rejeitais esta advertência para confiar em meios tortuosos e perversos e procurar aí vosso apoio, esse pecado será para vós como uma brecha que desce, rachando uma alta parede, cujo desmoronamento vem de repente sem que se espere. E se espatifa, como quando se quebra um pote de barro, despedaçado sem piedade; e depois não se acha entre os pedaços um caco sequer para tirar uma brasa da fogueira ou um pouco de água da cisterna" (Is 30,12-14).

Viver no mal é destruir a si mesmo.

Levanto esse fato porque é o que vem acontecendo com um imenso número de pessoas. Entre elas podem estar nossos amigos mais queridos, familiares e talvez até nós mesmos. E Deus se dói de compaixão: "o meu povo se perde por falta de conhecimento" (Os 4,6).

Muita gente sofre ansiosa, fracassando na vida, sentindo-se infeliz, vendo as coisas que valorizava desabarem diante dos seus olhos porque se desviou e não sabe como voltar; e, quando sabe, não tem forças para isso. Esses 40 dias na presença do Senhor são do total interesse de quem não quer mais viver sufocado pelos erros que cometeu ou prisioneiro de males do passado. São 40 dias de Palavra de Deus e oração que interessam muito a quem quer virar a página de uma existência triste, ruim e sem sentido, mas são ainda mais importantes para aqueles que não querem perder a salvação pois estão convencidos de que a morte não é o fim. São também uma oportunidade de crescer em conhecimento e amizade com Deus.

Recentemente, a Organização Pan-Americana da Saúde trouxe o resultado de um estudo que aponta, como consequência de muitos desses sofrimentos, a depressão. Ela é indicada como o transtorno que mais tem incapacitado as pessoas em todo o mundo. Sentimentos de irritação, pessimismo, solidão, desgosto generalizado, dificuldades para lembrar e raciocinar, sentimentos de incapacidade, baixa autoestima e tristeza estão intimamente ligados a esse transtorno e interferem no dia a dia de mais de 300 milhões de pessoas pelo mundo. Ou seja, há pessoas que estão prejudicadas ou incapacitas de trabalhar, dormir, estudar, comer, socializar, entre outros, por causa de uma doença que em grande parte se alimenta dos problemas que enfrentamos em nossos relacionamentos com Deus, com os outros e com nós mesmos.

Em nossa comunidade, atendemos pessoas diariamente há mais de 45 anos, e a experiência nos mostrou que tudo o que uma pessoa faz de mal, bem como a falta de perdão, os vícios, as mágoas e rancores que não foi capaz de superar, vai devorando-a de dentro para fora se não for detido; nos casos mais extremos, pode até mesmo levá-la ao desespero.

Como alguém que já passou por isso, e talvez você também tenha passado, eu me perguntava: "Meu Deus, como posso mudar isso?"

Os evangelhos nos contam que ao fim do dia levavam muitos doentes e oprimidos ao pés de Jesus para que Ele os curasse, e o Senhor os socorria a todos (Mt 15,30). Se a maneira como a pessoa lida consigo mesma e com os outros pode gerar sofrimentos tão duros, se traumas na infância, perda de pessoas queridas, mudanças violentas no ritmo da vida, uso de drogas e coisas do tipo podem adoecer o ser humano, por que eu não haveria de me colocar aos pés daquele que pode me limpar, curar e fortalecer? Por que eu haveria de insistir em comportamentos que não me fazem nenhum bem?

Se não posso ser injusto num mundo de injustiças nem malicioso num mundo de malícias, que saída tenho eu? O próprio Senhor ensina que "é na conversão e na calma que está a vossa salvação; é no repouso e na confiança que reside a vossa força" (Is 30,15).

Limpe seu coração. Faça dele uma casa para o Senhor. Deixe que Deus more em você para que também você possa morar Nele. Somente a presença do Senhor pode extinguir o fogo do que nos atormenta e trazer o céu para dentro de nós. Para que seja assim também conosco, Ele nos pede conversão e paciência.

Essa conversão, contudo, não se resume a uma mudança de comportamento. É muito mais que isso. Trata-se de uma mudança de vida que acontece não por nossa capacidade e determinação, e sim porque confiamos tão profundamente em Jesus que abrimos mão da vida de pecado em troca da vida nova que Ele nos oferece. Tornamo-nos casa de Deus, e seu Espírito Santo passa a viver, amar, servir e agir em nós e por meio de nós.

Conversão é troca. Entregamos a Jesus uma vida velha, estragada e desvalorizada pelo pecado e no lugar dela recebemos um vida inteiramente nova cheia de esperança, confiança e amor. É renunciar e sair do pecado, sim, mas é, acima de tudo, entrar na presença de Deus e entregar-lhe o coração.

Sem que haja calma em nosso interior não conseguimos perceber a presença de Deus nem tomar posse da força necessária para lutar e vencer. Portanto, por pior que sejam as circunstâncias, acalme-se e confie em Deus.

Um tempo atrás vivi uma situação difícil e dolorosa. Eu tremia de ansiedade e sentia-me esmagado pela vontade de resolver aquele problema. No entanto, a situação estava de tal jeito que eu não podia fazer nada, e quem podia fazer alguma coisa não movia sequer um dedo. Que aflição! Naquela hora, eu me senti despedaçado por causa da agitação dentro de mim.

Porém, outra coisa também aconteceu: notei que uma voz forte e bondosa se fazia escutar de um lugar profundo em meu coração: "Calma! Confie em mim!"

Eu sabia que era o Senhor agindo. Então obedeci. Tratei de me acalmar. Respirei fundo e sosseguei. Depois rezei, entregando-me com confiança nas mãos de Deus. Foi aí que percebi de modo ainda mais vivo que era Deus mesmo que se acercava de mim para me socorrer e fortalecer em minha dor. Que grande alívio!

Confiando em Deus, meu coração descansou. E desse descanso o Senhor fez surgir em mim a força de que eu precisava para vencer aquela dificuldade. Sim! Aos poucos o problema foi vencido. A confiança gerou uma calma cheia de vida, tão diferente da ansiedade que antes me paralisava pelo medo.

Hoje é a você que Jesus diz: "Calma! Confie em mim! Aceite a troca. Tenha a coragem de dar o passo que mudará todas as coisas para você, mas que antes de tudo mudará seu coração."

Aos que aceitarem, aos que nestes 40 dias quiserem fazer uma experiência libertadora, proponho que tentem realizar ao máximo as indicações a seguir. Elas são para que as façamos todos os dias. Não desanime de modo algum se não conseguir cumpri-las todas. Mas quanto mais você conseguir, tanto maior será o bem que isso lhe trará.

Vamos a elas:

1 De manhã, ao se levantar, rezar, agradecer pelo seu dia e consagrá-lo a Deus. Todos os dias fazer meia hora de oração e ler o capítulo deste livro referente àquele dia. Participar da missa. Fazer a visita ao Santíssimo Sacramento. Pedir o auxílio da Mãe de Deus com a oração do santo terço. À noite, fazer o exame de consciência, ato de arrependimento, louvar a Deus e rezar a Salve-Rainha.

2 Confessar-se com frequência nesses dias e comungar pelo menos semanalmente, no domingo. Se você tiver algum impedimento que não permita que receba a Eucaristia, então, com humildade e muito amor, faça sua comunhão espiritual com Jesus, que não o rejeitará; em vez disso, virá até você e o encherá com sua presença divina.

3 Escolher um bom confessor, sábio, instruído e fiel a Deus; seguir suas orientações tanto no que diz respeito à oração e à vida espiritual como nas questões importantes da vida. Não abandoná-lo sem ter motivo grave.

4 Evitar a ociosidade, as más companhias, as conversas inconvenientes e, principalmente, as ocasiões de pecado, especialmente quando há perigo para a castidade.

5 Nas tentações, principalmente nas de ordem sexual, fazer imediatamente o sinal da cruz, invocar o nome de Jesus e pedir o auxílio de Nossa Senhora enquanto durar a tentação.

6 Se cometer algum pecado, arrepender-se logo e resolver corrigir-se. Se o pecado for grave, confessar-se o quanto antes.

7 Sempre que possível, ouvir as pregações; participar de grupo de oração, fazendo isso com a única intenção de estar sempre com Deus e zelar por sua salvação eterna.

8 Rezar o terço diariamente para suplicar a ajuda de Nossa Senhora e honrá-la, podendo fazer também alguma outra mortificação em agradecimento por seu amparo.

9 Nas situações desagradáveis, doenças, perdas, perseguições, conformar-se com a vontade de Deus e ficar em paz, dizendo: “Assim Deus quer, assim seja!” Vivenciar esses 40 dias dedicando-se o máximo possível à oração, à leitura da Palavra de Deus e a ter seus pensamentos continuamente no Senhor.

Responda a Jesus (faça sua oração, depois coloque sua resposta por escrito e assine):

Meu Senhor e meu Deus, venho a ti cheio de confiança e deposito em tuas mãos todo o meu ser. Por favor, toma conta de mim. Entra nas profundezas de minha alma e vasculha o meu coração. Que tudo em mim seja trazido à tua luz! Abro-te, hoje, todas as portas da minha vida. Ponho aos teus pés tudo o que estava oculto, todos os meus segredos e digo: ilumina-os com a luz do teu Espírito, Senhor! Que toda a obscuridade se dobre diante de ti e se torne clara como o dia!

Senhor, que o teu Santo Espírito se torne resplandecente em nós e nos dê conhecimento para que possamos compreender o imenso bem que nos fazes, a grandeza dos teus planos para nós, o poder que tens para realizá-los e a profundidade com que nos conheces.

Jesus, fui comprado com teu sangue e pertenço totalmente a ti. Tu és o Senhor de toda a minha vida. Confio em ti. Reconheço, aceito e proclamo que tu és o meu Salvador e único Senhor. Entrego-te tudo o que tenho e sou, sem reservas. Sopra o teu Espírito sobre o meu ser!

Vem, Espírito Santo, fonte viva de amor, toca-me! Conduze-me ao encontro de tudo o que Deus quer para mim. Leva-me ao encontro de Jesus em todos os momentos do meu dia. Guia-me em tudo o que eu fizer! Inspira-me o que pensar, o que falar, como falar, o que escrever, como devo agir, de modo que em tudo eu te seja agradável.

Eu me rendo a ti, Senhor. Abandono-me confiantemente em tuas mãos. Entrego-te tudo o que me importa: minha família, minha saúde, meus bens, meu trabalho, meus relacionamentos, minhas conquistas, meus fracassos e a vida que ainda tenho pela frente.

Hoje me desapego de tudo isso. Quero que o meu coração esteja sempre contigo. Coloco-me em tuas mãos amorosas. Submeto humildemente a ti todas as coisas, acontecimentos e situações que não entendo e que me são difíceis de aceitar. Lanço-me em teus braços com minhas qualidades e defeitos, forças e fraquezas, fidelidade e também com meus pecados. Somente tua graça pode me fazer vencer e transformar meu coração.

Ó Deus amado, aceita, toca e santifica meus sentimentos, meus temores, minhas fragilidades, minha sexualidade. Mostra-me o que queres de mim, e eu o entregarei a ti, Senhor! (Fazer um momento de silêncio permitindo que o Espírito Santo mostre o que mais devemos colocar na presença de Deus).

Deus Santo, és a minha única garantia, escuta minha oração e atende-me! Estou seguro de que o Senhor me acolherá. Faz com que eu nunca desista de te buscar. Faz com que eu me decida com ardor e perseverança pela tua vontade. Minha força e minha fraqueza estão sempre diante de ti: conserva uma e cura a outra. Que meu coração, por ti visitado, lembre-se de quem tu és, compreenda o teu amor e também te ame para sempre.

Senhor, pelas mãos da Virgem Maria, eu mergulho em teu Santo Espírito o meu passado, o meu presente e o meu futuro. Tudo o que fui, sou e serei agora pertence somente a ti. Está entregue e jamais tomarei de volta.

Propósito: rezar e pedir a Deus para inspirar a principal penitência que você fará por estes 40 dias (abster-se de algo de que você gosta – uma comida, um lazer, um comportamento etc. – ou assumir o compromisso de fazer algo bom e útil mas que lhe custe muito realizar).

____/____/____

Assinatura

Dia 2

DEUS INTERVEIO

"Haverá algum Deus igual a ti, Deus que tira o pecado, que passa por cima da culpa do resto de sua herança, não guarda sua ira para sempre e prefere a misericórdia? Ele vai nos perdoar de novo! Vai calcar aos pés as nossas faltas e para o fundo do mar jogará todos os nossos pecados" (Mq 7,18-19).

Todos conhecemos pessoas que estão enfrentando dores emocionais, sofrimentos, medos, ansiedades, tristezas, culpas, vergonhas ou ódios profundos e, devido a isso, se encontram abatidas e infelizes. Sofrem em sua agonia e espalham dor por onde passam. Fazem com que outros sofram também. A maioria percebe que algo precisa ser feito, anseia por uma mudança, quer se livrar dos entulhos que se acumularam em seu coração, mas, como não sabe como conseguir isso, se sente perdida e até cai doente.

Nossa alma também pode adoecer, e isso é muito pior que uma paralisia, uma doença degenerativa, um câncer ou até mesmo uma violência emocional que nos machuque tão profundamente por dentro. Jesus encontrou um homem em semelhante estado. Foi em Jerusalém, junto à piscina de Betesda, que significa "casa da misericórdia". Estava enfermo havia 38 anos quando Jesus lhe ordenou: "Levanta-te, toma o teu leito e anda." No mesmo instante, aquele homem ficou curado, tomou o seu leito e foi andando, porque Jesus viu seu sofrimento e se compadeceu de sua dor. Uma luz brilhou em sua escuridão ao ser alcançado pelo perdão e misericórdia do Senhor.

Passado algum tempo, Jesus o encontrou novamente e o alertou sobre um grande perigo que corria: "Eis que ficaste curado; já não peques para não te acontecer coisa pior." Não o estava ameaçando, e sim confirmando-o no caminho para que não perdesse a vida abundante que tinha recebido.

O que poderia acontecer de pior a quem esteve entrevado por 38 anos? Voltar a ter paralisia por mais uns 40 anos? Não! O que Jesus lhe disse é que pecar seria pior do que 38 anos de paralisia. O pecado é pior que uma doença. Cometê-lo deliberadamente é caminhar em direção à morte, já que é exatamente isso o que ele produz: "A paga que se recebe por pecar é a morte" (Rm 6,23).

O pecado vai matando a pessoa de dentro para fora. Mata sua alegria, seus sonhos, sua esperança, sua paz, sua capacidade de amar. Mata sua vida interior e sua felicidade. A ganância mata. O adultério mata. A inveja mata. Mata porque nos tira da graça e nos impede de receber a vida que vem de Deus. De certo modo, todo pecado nos acorrenta, impedindo que possamos nos achegar e estar com o Senhor, que é fonte da nossa vida e alegria. E Deus se lamenta por nós: "Duplo crime cometeu o meu povo: abandonou-me a mim, fonte de água viva, e para si preferiu cavar cisternas, cisternas defeituosas que não retêm a água" (Jr 2,13).

Cavaram para si cisternas furadas que não saciam, que nunca os deixarão satisfeitos, por isso estão infelizes, diz o Senhor. O pecado, grosso modo, é não confiar em Deus porque preferimos confiar em nós mesmos e em nossos recursos pessoais. Toda vez que deixamos de pôr a nossa fé em Deus porque acreditamos mais em nossos projetos, valores, ideias, seguranças etc., estamos cavando cisternas rachadas que só servirão para atrair desgraça para a nossa vida e nos decepcionar.

Foi com essa mesma proposta que, no Paraíso, Satanás desviou o coração de nossos primeiros pais quando os convenceu de que poderiam alcançar sozinhos a sua realização pessoal em vez de fazer isso com Deus e seguir pelo caminho que o Senhor lhes havia indicado. Convenceu-os a serem felizes sem Deus e até mesmo contra Deus.

Há muitos perigos e males neste mundo, mas nada é mais destrutivo para o homem e a mulher do que viver em pecado: "É por isso que há entre vós muitos enfermos e doentes, e não poucos têm morrido" (1Cor 11,30). E Deus, para nos convencer a fugir de tamanha ruína, apela ao coração de seus filhos:

- "A tua malícia fez cair sobre ti este castigo, e tuas infidelidades atraíram sobre ti a punição. Reconhece, portanto, e vê o quanto te foi ruim e amargo abandonar o Senhor, teu Deus, e não ter tido mais temor algum de mim – oráculo do Senhor Javé dos exércitos" (Jr 2,19).
- "Mas será a mim que suas rebeldias ferem? Não será a eles mesmos para a sua própria vergonha?" (Jr 7,19).
- "Mas quem pecar contra mim prejudica-se a si mesmo; todos os que me odeiam amam a morte" (Pr 8,36).

Deus tanto quer o nosso bem que, sabendo com que crueldade o pecado nos abate, proíbe-nos de pecar. Não quer nos ver impotentes, prostrados e escravizados pelas doenças da alma enquanto assistimos a nossa vida correr sem que a vivamos plenamente.

Também a nós, Ele pergunta: "Queres ficar curado?" E nos convida a fazer com Ele um caminho de purificação nos próximos dias. Ele quer arrancar das nossas costas o jugo que tem nos arrastado a fazer o mal que não queremos fazer. O Senhor quer nos libertar de tudo o que está nos impedindo de amar e fazer o bem a que nos comprometemos.

Todo aquele que abrir a porta para Jesus e o convidar sinceramente a entrar em seu coração vai experimentar não só o perdão do Senhor para seus pecados passados e presentes, mas receberá também uma força divina que o tornará capaz de não voltar aos antigos erros e de não mais pecar. Receberá a força que o leva a agir por amor, e não por medo ou por obrigação. Isso sim é tornar-se livre e forte de verdade, porque não há mulher mais capaz nem homem mais poderoso do que aquele que foi libertado do domínio do pecado.

Quando aceitamos caminhar com Jesus, quando acolhemos humildemente o convite para estar em sua presença, Ele, que é o Bom Samaritano, achega-se a nós, enfermos e feridos, dá-nos toda a sua atenção e nos conforta com amor. Então nos lava as machucaduras, lava também toda a nossa vida, com o vinho de seu sangue redentor (Lc 10,34) que purifica de toda culpa. O seu perdão é sem limites, pois perdoa todas as vezes que lhe pedimos. E, uma vez que perdoa, é para sempre. Inclusive, de sua parte, Ele já perdoou todos os nossos pecados: "Haverá algum Deus igual a ti, Deus que tira o pecado, que passa por cima da culpa do resto de sua herança, não guarda sua ira para sempre e prefere a misericórdia? Ele vai nos perdoar de novo! Vai calcar aos pés as nossas faltas e para o fundo do mar jogará todos os nossos pecados" (Mq 7,18-19).

Mas há também uma parte que toca para nós. E é exatamente o que estamos nos propondo a fazer nos dias que seguem: devemos aceitar e tomar esse remédio que vai nos curar. Ir ao encontro desse perdão salvador. E o único modo de fazer isso é confiando em Deus e rompendo com o pecado. No momento em que damos esse passo e colocamos nossa fé em Cristo Jesus, as conquistas que Ele realizou na cruz passam para nós e se tornam nossas.

Basta uma decisão, a decisão correta, e nossa vida muda.

Quando decidimos voltar para o Senhor, é o mesmo que assinar um documento permitindo que se execute também para nós a redenção que Jesus nos conseguiu. Pois, enquanto caminhamos neste mundo, estamos sujeitos ao sofrimento, à doença e à morte; inclusive, a nossa vida de filhos de Deus se vê continuamente ameaçada, já que pode se tornar debilitada e até perdida pelo pecado. Porém, ao renunciar ao que é mau, voltamos para o Senhor, e Ele nos põe em liberdade novamente, nos perdoa mais uma vez, e a dívida que havíamos contraído com o pecado é paga. O poder de sua redenção passa a atuar diretamente sobre a nossa vida com toda a sua força.

Tudo começa com um simples e sincero pedido de perdão.

Tudo o que Deus espera é que seus filhos se confessem pecadores diante da sua inesgotável misericórdia, e isso será o suficiente para que sejam totalmente perdoados: "Se reconhecemos nossos pecados, então Deus se mostra fiel e justo para nos perdoar os pecados e nos purificar de toda injustiça" (1Jo 1,9).

O meio mais excelente, importantíssimo, que Deus elegeu para transformar nosso coração pecador num coração novo, capaz de viver uma vida nova, é o sacramento da confissão. Quer uma vida nova? Busque a confissão! Quer obter verdadeiros milagres? Busque a confissão! Quer alcançar muitas graças? Busque a confissão! Quer se livrar de qualquer opressão espiritual? Busque a confissão! Ela é mais poderosa do que um exorcismo. Como sacramento, ela tem o poder de nos levar aos pés da cruz, e ali acontece a ressurreição espiritual, na qual o filho morto retorna à vida, e o filho que estava perdido volta para os braços de seu Pai: "Este meu filho estava morto e tornou a viver; estava perdido e foi encontrado" (Lc 15,24).

Jesus é o médico dos médicos, que no confessionário cura a nossa alma e também o nosso corpo doente. Ele, que redime os pecados antes de curar as enfermidades, quer fazer o mesmo com cada um de nós pelo sacramento da confissão. Para isso, deu aos seus apóstolos o poder de trazer de volta à vida até mesmo os mortos, aqueles que estavam despedaçados pela tristeza, abatidos pela derrota, e sobretudo mortos pelo pecado que sufocou em sua alma a vida de Deus (Mt 10,8).

Precisamos de conversão porque, mesmo pertencendo a Deus, mesmo tendo sido consagrados a Ele em nosso batismo, carregamos conosco a fragilidade humana, a fraqueza da nossa carne (Mc 14,38), a tendência para pecar. Todos os dias uma verdadeira batalha contra o mal é travada no coração de cada um de nós que pertence ao Senhor. A luta é constante, mas não estamos sozinhos. Deus está conosco. Nossa Senhora também está. Vamos vencer desde que aceitemos lutar o combate da conversão e não desanimar.

No entanto, muitas pessoas que pedem a ajuda de Deus ainda não entendem que uma vida nova só é possível quando se deixa para trás a velha vida. Têm medo de se arriscar, escondem-se atrás de desculpas e assim retardam a verdadeira prosperidade. Fracassam no que existe de mais importante e se contentam em ser mais ou menos felizes, colocam em grande perigo sua salvação eterna ao deixar para depois a própria conversão.

Contam que, certo dia, Satanás marcou uma reunião urgente com os principais demônios do inferno. Reuniram-se todos para discutirem uma estratégia capaz de levar homens e mulheres à ruína eterna. No início da reunião, ele tomou a palavra e disse:

– Devemos implantar com urgência um meio para que se perca o maior número possível de almas, pois o tempo está se esgotando.

Um demônio se apresentou e respondeu:

– Proponho fazer o seguinte: levantar dúvidas a respeito do Cristo e fazer com que desconfiem se Ele ressuscitou ou não. Vamos deixar que acreditem que Ele é apenas um homem bom, comum, mas não um Salvador!

Satanás retrucou:

– Não funciona! Isso não é o suficiente. Muitos já não caem nessa balela.

Outro demônio interveio:

– Vamos fomentar a ganância e estimular compras inúteis! Incitemos ao sexo promíscuo e exagerado, que usem drogas à vontade, que se viciem, juntemos a isso muita agressividade, violência e, consequentemente, a depressão!!!

Satanás comentou com desprezo:

– Isso fazemos há milênios, e os resultados não têm sido satisfatórios. Precisamos de algo diferente, pernicioso, pois pouco tempo nos resta.

Um demônio velho e experiente que estava lá no fundo do Inferno se aproximou e, muito calmamente, sugeriu:

– Façamos assim: deixem-nos saber quem é o Cristo e o que Ele significa! Que acreditem que ressuscitou dos mortos se assim o quiserem!

Muitos demônios enfurecidos berravam:

– Está louco, velho?! O que deu em sua cabeça?! Jamais o permitiremos.

Insistiu o velho demônio:

– Isso mesmo! Deixem acreditar no que quiserem; seja que a salvação está em Deus ou que o Cristo é o Senhor de suas existências miseráveis, que entendam que sem Ele suas vidas vagam sem sentido. Parem de lhes sugerir para deixar de rezar, não ir sempre às missas ou parar de rezar todos os dias o terço. Não contrariem sua crença de que Cristo está verdadeiramente na Eucaristia e de que é importante se confessarem... Deixem que sigam com suas convicções mas, ao final, façam apenas uma coisa: levem-nos a acreditar que não precisam se apressar, que eles têm muito tempo pela frente para buscar essa salvação. Que deixem para depois! Ajudem-nos para que primeiro vivam as suas vidas neste mundo e relaxem, pois seu Deus é misericordioso e os perdoará ainda que seja no último segundo de suas vidas. Enfiem na cabeça deles que Cristo tardará em chegar e que podem deixar sua conversão para amanhã. Apenas isto: que deixem pra depois! Então, quando menos esperarem e a vida lhes for tirada, cairão em nossas garras para todo o sempre.

Satanás soltou então como um enorme rugido e vociferou:

– Assim será feito! Poucos notarão o engano, e os demais, quando se derem conta, estarão perdidos definitivamente.

Cuidado com o demônio do "deixa pra depois"!

Voltarmo-nos inteiramente para Deus, na profundidade do nosso ser, é a única coisa que de modo algum podemos deixar para amanhã. O inimigo ri quando alguém cai nessa armadilha. Há muitos cristãos que sentem um medo inexplicável de dar o passo que transformaria ainda hoje suas vidas. Alguns se agarram às desculpas mais frágeis para não atender ao apelo do Senhor, que continua a chamá-los das trevas para a luz do seu amor. Deixam para dar sua resposta amanhã, quando nem sabem se haverá um amanhã.

Para converter o coração ao Senhor é preciso certa esperteza, um esforço contínuo para abandonar o que não presta, humildade para se levantar das quedas e recomeçar sempre de novo conforme a vontade de Deus. Porém, isso é impossível sem a ajuda do Espírito Santo e sem o poder da oração. A nossa resposta ao amor misericordioso de Deus que nos amou primeiro é, antes de tudo, o movimento do coração arrependido e humilhado que, atraído e movido pela graça, lhe diz sim.

Em cada dia deste itinerário, vamos experimentar que, toda vez que uma pessoa se arrepende e decide mudar de vida, o Espírito Santo se une a ela e a faz vencer. Sempre que uma pessoa pede perdão ao Senhor, não importa o que tenha feito, Ele a perdoa e a ajuda.

Por mais tenebroso que seja o pecado cometido, ele jamais poderá impedir que Deus absolva a quem dele se arrependeu. Ainda que uma alma esteja carregada de pecados, Deus não pode desprezar um coração que se humilha. Só é preciso que a pessoa reconheça, que peça perdão ao Senhor, que não fique se justificando ou se negando a reconhecer a real gravidade dos males que causou.

Se, por alguma razão, uma pessoa está impedida de receber o sacramento da confissão, não se deve desanimar, muito menos desesperar. Nosso Deus é o Deus dos perdões. Além do sacramento da confissão, a Igreja nos ensina que, entre os meios para alcançar o perdão, estão também os esforços que você empreende para se reconciliar com seu próximo, as lágrimas derramadas por sincero arrependimento, o cuidado com a salvação dos outros, rezarmos uns pelos outros para sermos perdoados e nos convertermos, fazer o bem com obras de misericórdia, pois a caridade cobre uma multidão de pecados.

A única coisa capaz de manter alguém estagnado numa vida velha, ruim e doente é a incapacidade de contar com a ajuda do céu, incapacidade de receber perdão e recomeçar.

Esses 40 dias na presença do Senhor hão de ser um mergulho no coração bondoso de Jesus, sempre pronto a nos dar perdão e cura profundos. Ele vai nos tratar com toda misericórdia, pois veio não para nos julgar e punir, mas para nos arrancar das profundezas do abismo, para nos tirar do fundo de qualquer poço e nos colocar santos e restaurados junto à porta do céu, onde é nosso lugar.

Precisamos de tempos fortes de oração porque há muitas coisas que o Senhor quer fazer em nós, como tantas outras que quer fazer por meio de nós. E para todas elas dependemos do Senhor. Ele nos fez de tal maneira que só Nele temos toda a força de que precisamos. Ou seja, somos impotentes e incapazes de, por nós mesmos, aguentar as lutas do dia a dia, o peso das tentações e mantermo-nos felizes a salvo dos perigos do corpo e da alma. Em seu amor por nós, Deus determinou que tudo o que temos ou que podemos alcançar é por meio da sua graça que iremos receber. Em outras palavras: com Ele, podemos; sem Ele, jamais.

Mas tal socorro Deus costuma conceder somente a quem reza. Há um ensinamento antigo a esse respeito: "Ninguém chega à salvação sem que Deus o chame. Ninguém, depois de trazido para perto, obtém a salvação sem que Deus o socorra. Só quem reza se torna capaz de receber a ajuda de Deus."

A questão é simples. Se está garantido que sem o amparo divino não conseguiremos coisa alguma que valha a pena, e se está claro que recebe essa ajuda de Deus somente quem reza, então podemos ter certeza de que a oração é mais que importante: é indispensável. Em suma, ninguém está dispensado de rezar.

Tenho aprendido a cada dia que a maneira mais rápida de fracassar e desistir das coisas importantes da vida é virando as costas para Deus. Sem rezar, a gente desiste fácil. Sem oração, a gente desanima em face da menor contrariedade. Sem buscar a Deus, a gente só persiste em coisa ruim. Tanto que Santo Agostinho, depois de ter estado dos dois lados do jogo – dos que não rezam e dos que rezam –, afirmava que Deus dá alguns dons, como a graça de começar a crer, até mesmo para os que não pedem. No entanto, o dom de perseverar, de levar as coisas até o fim, sobretudo no que diz respeito à nossa salvação, Ele reservou para os que pedem.

Por tudo o que nos mostra a Palavra de Deus, é impossível que a vida de uma pessoa corra bem sem que ela peça as graças necessárias para isso. Mais ainda: quem não reza está pondo em risco a própria alma.

Mesmo entre pessoas de fé existem aquelas que perguntam qual é a necessidade de ficarmos rezando se Deus já habita em nós e Ele sabe todas as coisas. Sabemos que, depois do batismo, a oração contínua é necessária ao homem para poder entrar no céu. É certo que os pecados foram todos perdoados pelo batismo, mas sempre restam as tentações que nos atacam por dentro, além do mundo e dos demônios que nos atacam de fora. Então, para nos salvar, temos que lutar e precisamos vencer: "Nenhum combatente será coroado se não tiver lutado segundo as regras" (2Tm 2,5). Sem a força divina, não vamos dar conta de tantos desafios nem aguentaremos os ataques dos que nos odeiam e perseguem. Essa força que faz vencer Deus nos dará pela oração.

Hoje Jesus convida você para ir com Ele ao deserto, a um lugar reservado em que Ele possa lhe falar ao coração: "Vem e segue-me" (Mc 10,21). Na intimidade de bons amigos, o Senhor quer restabelecer suas forças e curar a sua dor. Você é livre para aceitar ou não. Queira Deus, você escute hoje a voz Dele e venha receber o alívio e o descanso há tanto tempo esperados.

O momento chegou. Essa é a hora da graça para você. Só Deus sabe quanta vida e quanto bem serão desencadeados pela resposta que você dará ao Senhor. Então diga-lhe sim e abra as portas do seu ser para Ele. Se já estavam abertas, abra-as ainda mais. Convide Jesus a entrar ainda mais profundamente em seu coração. Diga-lhe que quer estar com Ele, na presença Dele.

Deus sempre nos conduz ao deserto quando chega a hora de nos libertar. Diga-lhe de algum modo – com um gesto, uma palavra, um suspiro, uma lágrima – que você O quer em sua vida ainda mais. Diga-lhe que, ao lado Dele, você está pronto para lutar até o fim, sem jamais desistir.

Você aceita que o Senhor o conduza neste caminho de purificação e vida nova? Você realmente quer que Ele retire tudo aquilo que atrapalha a sua vida, bem como o pecado que o oprime? Então diga-lhe isso com suas palavras e escreva-as nas próximas linhas, pedindo que Ele venha ser seu libertador pessoal e diga-lhe do que quer que Ele o livre.

Meu Senhor e meu Deus, teu poder manifesta-se sobretudo quando perdoas. Tu mostras tua força ao usar de misericórdia. Tem compaixão de mim, doente como estou, ferido por meu pecado. Acende em mim o fogo do arrependimento para derreter a fria indiferença a que o mal me sujeitou. O pecado pode ter esfriado o amor em meu coração, mas tu, Senhor, não cessas de derramar sobre mim a tua graça a fim de que eu não desanime de ti e do teu projeto de felicidade para a minha vida.

Trago-te meus pecados e culpa misturados às minhas lágrimas, pois espero misericórdia. Reconheço que vacilei e caí (apresente a Deus os pecados dos quais se recorda e que estão inflamando sua alma). Podia ter lutado e não lutei. Podia ter resistido, mas, em vez disso, cedi. Estou triste e arrependido por isso. E venho pedir o teu socorro porque já não aguento mais arrastar esse fardo comigo. Liberta-me desses pecados pelo teu sangue redentor.

Perdão, Senhor, foi contra ti que eu pequei. Afrontei tua Palavra, desobedeci a teus mandamentos e ofendi as pessoas que colocaste em meu caminho. Sei que sou culpado e não foi justo o que fiz. Quero abandonar essa atitude pecaminosa. Quero romper com todo pecado em meus pensamentos, palavras e atitudes. Quero me converter novamente a ti.

Eu rejeito e abomino todo o pecado que, além de te desagradar, também feriu os meus irmãos. Desejo me afastar de tudo aquilo que te aborrece, Senhor! Rompo com meus pecados e renuncio ao diabo e suas tentações. A partir de agora, tomo repulsa e detesto esses pecados que me afastaram de ti.

Satanás é uma força vencida, é um poder despedaçado, não permitirei que me incite mais a te ofender, Senhor. Ordeno, em nome de Jesus Cristo, que o inimigo de Deus, inimigo de todo o bem e, portanto, meu inimigo mortal também, retire-se de minha vida e vá aos pés da cruz de Cristo prestar-lhe obediência.

Jesus amado, meu Salvador, creio firmemente que teu sangue anulou os meus pecados e arrancou-me da sujeição ao maligno. Creio que teu precioso sangue me reveste agora de poderosa proteção dos ataques demoníacos.

Hoje consagro novamente minha vida a ti, assumindo-te como meu Senhor. Não quero mais andar nas trevas. Não aceito mais ir para longe de ti. A partir de agora quero viver para ti, amando-te e obedecendo a ti de todo o meu coração. Teu santo sangue salvou-me, Jesus! Tua cruz arrebatou-me do poder de Satanás. Senhor, tu és minha força e vitória. Contigo venço qualquer vício, com meu Deus derroto o meu pecado. Agarrarei essa vitória e não a largarei por nada, Senhor!

Eu reconheço que todo aquele que se afasta de ti cai. Reconheço também que abandonar o pecado e voltar para ti é ressuscitar. Chama-me de volta hoje, ó Deus! Ressuscita meu coração! Tira-me de todo engano! Purifica-me no mais íntimo de mim. Só tu podes me revelar quem de verdade sou. Faz que eu me conheça sinceramente. Manifesta-te a mim para que eu te conheça e ame mais e mais. Sei que realizarás tua vitória em mim plenamente.

Fortalece-me para que, liberto de todo o mal, eu possa entrar no céu e ser feliz em ti para sempre, ó Deus. Amém!

Propósito: ajudar uma pessoa com um bom conselho ou com uma palavra amiga.

____/____/____

Assinatura

Dia 3

O QUE AGRADA A DEUS

"'Por que foi que jejuamos e tu nem olhaste? Nós nos humilhamos totalmente e nem tomaste conhecimento.' Acontece que, mesmo no dia de jejum, só cuidais dos vossos interesses e continuais explorando os trabalhadores. Acontece que jejuais criando caso, brigando e esmurrando. Deixai de jejuar como até agora para que vossa voz chegue ao Altíssimo. Será este o jejum que eu prefiro, um dia em que a pessoa se humilha: curvar o pescoço como vara ou deitar na cinza vestido de luto? É a isso que chamais de jejum, um dia agradável ao Senhor? Acaso o jejum que eu prefiro não será isto: soltar as cadeias injustas; desamarrar as cordas do jugo; deixar livres os oprimidos, acabar com toda espécie de imposição? Não será repartir tua comida com quem tem fome? Hospedar na tua casa os pobres sem destino? Vestir uma roupa naquele que encontras nu e jamais tentar te esconder do pobre teu irmão? Aí, então, qual novo amanhecer, vai brilhar a tua luz. E tuas feridas hão de sarar rapidamente. Teus atos de justiça irão à tua frente, e a glória do Senhor te seguirá. E quando o invocares, o Senhor te atenderá, e ao clamares, ele responderá: 'Aqui estou!' Se, pois, tirares do teu meio toda espécie de opressão, o dedo que acusa e a conversa maligna, se entregares ao faminto o que mais gostarias de comer, matando a fome de um humilhado, então a tua luz brilhará nas trevas, o seu escuro será igual ao meio-dia. O Senhor te guiará todos os dias e vai satisfazer teu apetite, até no meio do deserto. Ele dará a teu corpo nova vida, e serás um jardim bem irrigado, mina d'água que nunca para de correr. E a tua gente reconstruirá as ruínas que pareciam eternas, farás subir os alicerces que atravessaram gerações, serás chamado reparador de brechas, restaurador de caminhos para que lá se possa morar" (Is 58,3-12).

Ao derramar o seu sangue na cruz, Jesus colocou ao alcance de todos o dom do arrependimento. Seu sacrifício abriu a porta para que pudéssemos voltar para Deus e encontrar a salvação. Ao ver tamanho gesto de amor, o Pai perdoou e continua a perdoar todos os que recebem a aspersão desse sangue.

Podemos ver nas Sagradas Escrituras que desde o início do mundo o Senhor concedeu a cada geração a oportunidade de se converter. Aos que para Ele quiseram voltar, proporcionou-lhes o tempo favorável para o arrependimento. Assim, quando Noé exortou o povo a abandonar seus pecados, todos que o escutaram foram salvos. Também o profeta Jonas avisou aos ninivitas da ruína que estava para se abater sobre eles, e o povo chorou, arrependeu-se dos erros cometidos, fez sacrifícios pelos pecados, mudou o modo de proceder, suplicou ao Senhor que o perdoasse e com isso alcançou a salvação, apesar de não pertencer ao povo de Deus.

Uma vez que deseja que todos se salvem, Deus sempre propõe a profetas, homens zelosos e cheios do Espírito Santo, e almas inspiradas, que vão em busca daqueles que se perderam para incitá-los à penitência. O próprio Senhor, a fim de nos convencer a abandonar os comportamentos que iriam nos destruir, e para que confiássemos em sua misericórdia, chega até mesmo a jurar: "Pela minha vida, diz o Senhor, não quero a morte do pecador, mas que mude de conduta" (Ez 33,11); e, como se não bastasse seu juramento divino, esse mesmo Senhor cheio de bondade nos exorta com uma garantia: Deixa de praticar o mal, ó Casa de Israel! Dize aos filhos do meu povo: "Ainda que vossos pecados subam da terra até o céu, ainda que sejam mais vermelhos que o escarlate e mais negros que o cilício, se voltardes para mim de todo o coração e disserdes: 'Pai', eu vos tratarei como um povo santo e ouvirei as vossas súplicas" (Is 1,18; 63,16; 64,7; Jr 3,4; 31,9). Ou seja, Deus promete ouvir aquele que se converter e apagar todas as faltas a quem aceitá-lo como Pai.

Deus sempre quer livrar do pecado aqueles que ama. Também quer curá-los por meio da penitência. O Senhor garantiu com sua vontade poderosa que esse caminho purifique, liberte, conserte e salve em nós aquilo que o pecado estragou. Devemos então obedecer a tão amoroso Deus e fazer o que Ele determinou para o nosso próprio bem. Vamos suplicar com humildade a sua misericórdia. Peçamos com confiança que Ele nos socorra.

Chegou a hora de nos voltarmos de todo o coração para o seu amor. Deixemos de uma vez por todas as obras más, sobretudo, a discórdia e a inveja que levam à morte. Devemos ser humildes de coração, evitando toda espécie de futilidade, arrogância, falta de juízo e irritação, conforme nos manda a Palavra de Deus. Diz o Senhor: "Não se orgulhe o sábio em sua sabedoria, nem o forte com sua força, nem o rico em sua riqueza; mas quem se gloria se glorie no Senhor, procurando-o e praticando o direito e a justiça" (Jr 9,22-23; 1Cor 1,31).

Mais do que fazer coisas boas, o Senhor nos manda ser bons. Quer que sejamos bondosos e pacientes: "sede misericordiosos, e alcançareis misericórdia; perdoai, e sereis perdoados; como tratardes o próximo, do mesmo modo sereis tratados; dai, e vos será dado; não julgueis, e não sereis julgados; fazei o bem, e ele também vos será feito; com a medida com que medirdes, vos será medido (Mt 5,7; 6,14; 7,1-2). A primeira graça recebida por quem obedece é a de acertar: quem obedece não erra. Sua recompensa será que Deus o conduzirá sempre e em tudo à medida que acreditar e fizer exatamente o que ordenam suas santas palavras. De modo que nos assegura o Espírito Santo: "Para quem hei de olhar, senão para o manso e humilde, que treme ao ouvir minhas palavras?" (Is 66,2).

O que nos pede o Senhor? Que o pecador abandone o seu mau caminho e desista de seus planos o malvado; que ele volte, e o Senhor terá piedade. O Senhor não quer a morte do pecador, mas que ele volte, se converta e tenha a vida.

Não existe reconhecimento, prazer ou riqueza neste mundo que possa se comparar à paz de quem se reconciliou com Deus. Por meio dessa reconciliação, recebemos todos os outros bens de que necessitamos. A penitência nos abre os reservatórios do céu.

Digamos então ao Pai:

Nada queremos, Paizinho querido, que possa nos roubar de ti. Desejamos apenas os teus dons, a tua paz e que os nossos olhos jamais se desviem de ti. Como seria louco aquele que para viver em pecado concordasse em não receber seus maravilhosos e incomparáveis benefícios.

Propósito: rezar pela conversão daqueles que não conhecem o Amor de Deus.

Dia 4

A PURIFICAÇÃO ESPIRITUAL POR MEIO DO JEJUM E DA MISERICÓRDIA

"Aproximemo-nos, então, seguros e confiantes, do trono da graça para conseguirmos misericórdia e alcançarmos a graça do auxílio no momento oportuno" (Hb 4,16).

Há sempre um auxílio oportuno da parte de Deus à nossa espera, mesmo quando a maldade parece prevalecer.

Conta a Escritura que "o rei do Egito disse às parteiras dos hebreus, chamadas Sefra e Fua: 'Quando assistirdes as mulheres hebreias no parto, se for menino, matai-o; se for menina, deixai-a viver.' Mas as parteiras tinham temor de Deus: não faziam o que o rei do Egito lhes tinha mandado e deixavam viver os meninos. Então o rei do Egito mandou chamar as parteiras e lhes disse: 'Por que agistes desse modo e deixastes os meninos viver?' As parteiras responderam ao faraó: 'As mulheres hebreias não são como as egípcias. Elas são robustas e, antes de a parteira chegar, já dão à luz.' Deus recompensou as parteiras. O povo continuou crescendo e tornando-se muito forte. Como as parteiras temeram a Deus, deu-lhes também família" (Ex 1,15-21). O bem é mais forte que a morte, e a quem é bondoso nunca lhe faltarão as bondades do Senhor.

O bem está em toda parte, agindo silenciosa e poderosamente. A própria natureza, criada com tanta beleza, amor e poder, dá provas vivas disso. E o que dela recebemos para nosso sustento e felicidade deveria ser o bastante para reconhecermos quão bom é o Senhor e passar o resto dos dias agradecendo, pois Deus é cheio de ternura em todo o seu proceder.

Quando temos, porém, a oportunidade de recordar o que o Senhor fez para nos salvar, quando nos damos conta de que Ele todos os dias nos espera na Eucaristia para nos perdoar, curar e fortalecer, isso exige que nos preparemos melhor para estar com Ele por meio de uma purificação espiritual.

O perdão de Deus é para todos, e não há quem dele não precise. Enquanto vivermos neste mundo, não poderemos evitar as quedas. O que importa, então, é não fazer de conta que elas não existem ou tentar desculpar os pecados cometidos mesmo que pareçam pequenos. Todos os dias precisamos cooperar com o Espírito Santo que nos purifica. A quem anda na rua e vai para todo lado neste mundo cheio de impurezas, é praticamente impossível que não se contamine. Ainda que não esteja coberto de lama, vai estar impregnado de poeira.

O batismo é, sem dúvida, o banho espiritual que nos lava e renova. Porém, qual ferido não tem necessidade de continuamente limpar as chagas para evitar infecção, já que sua natureza se encontra enferma pelo pecado? Além disso, ninguém está dispensado de lutar para crescer em santidade. É a vontade de Deus que todos nos esforcemos para que, ao nos encontrarmos com Jesus, em glória, ninguém seja apanhado ainda preso aos erros do passado.

Para colocar em prática e fazer valer essa palavra de sabedoria, o que eu já deveria realizar desde sempre, preciso parar de adiar e colocar em prática agora, com todo amor e devoção. Devo aproveitar esse tempo favorável de conversão e obedecer, também eu, ao que o Espírito Santo inspirou desde os inícios da Igreja: o dever de jejuar 40 dias, não somente reduzindo os alimentos, mas sobretudo deixando de cometer pecado.

Mas se, além de fazer o jejum, você estender a sua mão para ajudar algum pobrezinho que esteja necessitado, não haverá limites para sua oração, e nada poderá trazer bens maiores para sua vida. Una o jejum com as obras de misericórdia e você verá milagres se realizarem. As obras de misericórdia são ações de bondade. Elas fazem com que seja possível a todos praticar a caridade, conforme os recursos de cada um.

Nada pode impedir aquele que ama de fazer o bem, sobretudo se ama a Deus e, por causa Dele, ama o seu próximo. Uma vez que se compadece do sofrimento dos outros, Deus mesmo se incumbirá para que ele tenha paz e seja feliz.

São inúmeras as obras de misericórdia, o que permite aos que têm bom coração, aos que querem ajudar os outros de verdade, aos que são fiéis a Deus, arregaçar as mangas para também socorrer os necessitados, independentemente de serem ricos, com muito dinheiro, ou pobres, sem muitos recursos. O pouco dinheiro em nada diminui a oferta se for grande o amor com que é dado.

Obrigado, Pai querido, por este momento de graça, de purificação e restauração. Obrigado por me libertares completamente ao me trazer para mais perto de ti. Quero viver sempre contigo, unido a ti. Dou-te graças pela paz e pela alegria que sinto agora por estar em tuas mãos.

Obrigado por me envolveres com teu Espírito que me livra e protege. Glórias e louvores a ti, Senhor. Obrigado por me abençoares e por fazeres de mim uma bênção para os que me cercam. Quero que eles também experimentem a força do teu amor e a grandeza da tua bondade, transformando, curando e aquecendo suas vidas como fazes com a minha. Eu te agradeço por abrires meu coração para confiar mais em ti e por me levares a compreender que sou fruto do teu amor.

Senhor, eu te bendigo por me dares uma nova vida. Obrigado por me soltares das correntes dos vícios e manias que foram me envolvendo. À custa de erros, preocupações, medos, feridas e pecados, minha vida tinha se tornado uma prisão, mas o Senhor me libertou. Hoje, pela graça da oração, posso me aproximar de ti, crer em ti e descobrir a cada dia o que tens para mim. Eu agradeço a ti por todas as maneiras pelas quais o Senhor interferiu em minha vida para me ajudar. O Senhor me ama.

O Senhor tem um plano de felicidade para mim. Eu aceito esse plano. Obrigado por nunca desistires de mim, por me amares como eu sou e me aceitares independentemente dos meus pecados. Obrigado por estares sempre comigo, até mesmo quando menos mereço. Sei que estás aqui comigo agora. O Senhor sempre esteve ao meu lado e me deu sua graça para superar tanto os momentos fáceis quanto os difíceis da minha vida.

Dou-te graças por tua presença em mim, por teu Espírito Santo, que me fortalece e me levanta. Eu te bendigo por todas as vezes que o Senhor me deu a graça de avançar com alegria e não esmorecer. Obrigado porque, desde que o Senhor tomou conta dos meus pensamentos, passei a ter paz. Eu agradeço pois, quando confio em ti, o Senhor faz com que todas as coisas que me acontecem cooperem para o meu bem. Se eu caio, tu me levantas. Em tuas mãos estou guardado, protegido. Agradeço-te, Senhor, por me defenderes das investidas do maligno e por me livrares de suas emboscadas.

Tu transformaste o meu ser. Obrigado por me mostrares que não preciso viver no negativismo, por me dares forças de esvaziar e anular os pensamentos de pessimismo e de derrota. Obrigado por colocares em minha mente, no meu coração e na minha boca pensamentos, sentimentos e palavras novos que fazem bem, causam alegria, semeiam vida e provocam cura. Quem experimenta o teu amor derrota qualquer medo. Obrigado por te colocares entre mim e os meus inimigos, desfazendo a cada dia os laços dessas inimizades! Obrigado por me protegeres e me guardares na tua paz! Senhor, graças a ti, eu escolho a vida. Quero viver com o meu coração em ti. Estou muito feliz, pois toda vez que começo a rezar tu enches o meu espírito do teu poder e do teu amor.

Obrigado porque posso contar com teu poder infinito em meu favor. Teus olhos de Pai estão atentos a todas as minhas necessidades, e tu te apressas em me socorrer. Obrigado por todas as vezes que me ajudas diretamente, como também pelas mãos de meus irmãos, amigos e até mesmo desconhecidos. Mas de modo especial quero te dar graças hoje, Senhor, porque estás concedendo uma nova graça de oração, um novo gosto para estar contigo, porque sanas a minha mente e a minha alma. Até de meus males tu tiras proveito para me favorecer e abençoar. Glórias e louvores a ti!

Obrigado porque abres o meu coração para amar e perdoar. Agradeço por me mostrares aqueles que sofrem perto de mim, necessitados de atenção, carinho, amizade, cuidados e ajuda material. Senhor, agradeço-te por permitires que eu seja canal do teu amor e da tua providência para aqueles que se encontram abatidos, machucados e sem rumo na vida. Obrigado por me dares chance de ajudá-los com a tua Palavra que a todos consola e enche de amor! Obrigado por todos que posso tomar em meus braços e acolher com amor em meu coração!

Graças a ti, meu Deus, minha vida é uma bênção, é um presente do céu e um dom sem igual. Reconheço que necessito de cura interior, mas já amo e aceito a minha vida exatamente do jeito que ela é. Sei que tu a conduzirás de bem a melhor. E, sobretudo, obrigado por teres me dado por companheiro, amigo e Salvador o Senhor Jesus!

Senhor, por favor, que a tua luz resplandeça em minha mente, que o teu amor incendeie o meu coração e que tua força revigore e encha de saúde o meu corpo para que eu possa testemunhar tuas maravilhas e servir-te com alegria para sempre. Amém!

Propósito: fazer doação de uma roupa que não utiliza mais.

Dia 5

A LUZ DA ALMA

"A oração da fé salvará o enfermo, e o Senhor o levantará. E se tiver cometido pecados, receberá o perdão. Confessai, pois, uns aos outros, os vossos pecados, e orai uns pelos outros para serdes curados. A oração fervorosa do justo tem grande poder" (Tg 5,15-16).

Pensar em Deus amando-o, conversar amigavelmente com o Senhor é o maior de todos os bens que uma pessoa pode alcançar, porque nos une intimamente a Ele. Assim como quem abre seus olhos ao sol enche seu corpo de luz, quem abre seu coração a Deus fica cheio do Espírito Santo, que ilumina sua alma. Mas, para que seja assim, nenhuma prece deve ser da boca para fora (Mc 7,6). O verdadeiro orar brota de um coração que quer, sempre mais, estar perto de Deus. Quem ama a Deus não depende de hora nem lugar para rezar: a oração, assim como o amor, gosta de participar de tudo e se prolongar dia e noite, sem interrupção. Na verdade, devemos pensar em Deus o tempo todo, e não só quando nos recolhemos para rezar. Trata-se de orar ao ritmo da vida ou, melhor dizendo, transformar a vida em oração. É pensar em Deus, desejá-lo e amá-lo vivamente em meio aos muitos trabalhos e às mais diversas atividades, mesmo que sejam coisas boas e louváveis, como cuidar dos necessitados, fazer algo por misericórdia em favor de alguém ou ainda o mais precioso gesto de amor. "Orai continuamente. Dai graças, em toda e qualquer situação, porque esta é a vontade de Deus, no Cristo Jesus, a vosso respeito" (1Ts 5,17-18).

E assim, tudo aquilo que fizermos, constantemente regado com o orvalho da oração, se tornará agradável ao Senhor e produzirá muitos frutos. Entretanto, para desfrutar em todas as ocasiões do bem que resulta da oração, há uma condição: é recorrer a Deus em todo o tempo que nos for possível.

Com a oração, conseguimos o remédio para nossa fraqueza, de modo que, se pedirmos a Deus, Ele vai nos dar a força para fazer o que até então não podemos.

A oração torna claros os pensamentos e desintoxica os sentimentos. É por sua assistência que o homem acerta em suas escolhas e toma as melhores decisões. Ela ilumina a alma exorcizando as trevas do erro e da maldade. Vale lembrar que ninguém chega ao verdadeiro conhecimento de Deus sem ter vida de oração, mas não somente isso: o Senhor quis que ela fosse o canal pelo qual Ele faria chegar o seu socorro e todos os seus bens aos homens.

Orar é abraçar a Deus com o coração. Toda vez que um homem reza, seu coração sobe ao céu e com Deus se abraça; e ali, com gemidos inefáveis, clama ao Espírito, que o socorre e fortalece concedendo-lhe vitórias que estão muitíssimo acima do que conseguiria pelo próprio esforço. E como não venceria as dificuldades depois disso, se agora enfrenta situações naturais com recursos sobrenaturais?

É de admirar que algo tão simples tenha o poder de nos colocar na presença de Deus, encher de alegria a nossa vida e acalmar nosso coração! Rezar assim é muito mais que dizer palavras. É antes de tudo desejar a Deus, é ter-lhe um amor sobrenatural que ultrapassa as débeis forças humanas. Antes de ser empenho humano, é dom divino: "Nós não sabemos o que pedir nem como pedir; é o próprio Espírito que intercede em nosso favor, com gemidos inefáveis" (Rm 8,26). Esse tipo de oração só Deus pode conceder e torna-se, para quem a recebeu, uma fonte de riquezas que ninguém lhe poderá roubar. Ela é o pão de Deus que restaura as forças da alma. Ela é o verdadeiro alimento do coração. Quem ora no Espírito é tomado por um desejo inesgotável de Deus, o Senhor o possui, e o fogo do céu acende seu coração como a uma tocha. Torna-o a nova sarça do Horeb, que ardia e não se consumia.

Reze de maneira simples e humilde. Prepare seu coração para acolher o Senhor. Torne sua alma luminosa fazendo-a percorrer somente as trilhas do que é santo. Multiplique suas boas obras. Tenha fé. Dê asas à caridade e não lhe ponha limites. Por fim, cubra tudo isso com a oração e, como Zaqueu, terá aberto as portas não somente de tua casa, mas sobretudo de teu coração para ter o Senhor sempre com você (Lc 19,1-10).

Pai amado, meu coração não se basta a si mesmo, meu olhar não se levanta arrogante. Não procuro grandezas nem coisas que estão além de mim. Ao contrário, quero calma e sossego em minha alma. Tal como uma criança nos braços da mãe, assim minha alma a ti se abandona. Digo a mim mesmo: põe tua esperança no Senhor. Confia nele, agora e para sempre.

Faz de mim o que quiseres, Senhor. O que quer que decidas será bom para mim. Estou de acordo. Vou contigo aonde quiseres. Farei o que me mandares. Importa-me apenas obedecer docilmente ao teu Santo Espírito e ir ao encontro dos que precisam de minha presença e de minha ajuda. Não quero nada mais, Senhor. Em tuas mãos me abrigo. Sou teu... inteiramente teu... Consagro-me a ti com todas as forças de minha alma porque já não sei viver sem ti. Meu coração se encheu de amor e não desejo outra coisa senão deixar-me ser invadido por tua santa presença. Eu me ofereço a ti. Dou-me incondicionalmente, sem restrições, com infinita confiança, porque tu és o amor da minha vida, és o meu Pai protetor.

Senhor, inunda-me com tua paz – a mesma paz que prometeste em tua Palavra trouxeste por meio de Jesus e selaste com o derramamento do teu Espírito. Também eu quero levar a tua paz aos meus irmãos, socorrendo-os em suas aflições dentro das possibilidades que o Senhor me dá.

Não permitas que a inveja do inimigo, nem emoções desordenadas, nem mesmo pensamentos de acusação venham roubar a paz tão preciosa que me deste como sinal do teu amor, graça prometida e conquista de teu amado Filho, na cruz. Amém!

Propósito: oferecer o terço pelas vocações da Igreja.

Dia 6

A AMIZADE DE DEUS

"É isto que Deus, teu Senhor, te ordena: que respeites a Deus, teu Senhor, e o ames, e o sirvas de todo o teu coração, de toda a tua alma e com todas as forças" (Dt 10,12).
"Esse é o maior e o primeiro mandamento" (Mt 22,38).

Jesus é Senhor para o nosso bem, e sob o seu domínio quis assegurar que não fôssemos mais escravos de nada nem ninguém. Se primeiro nos atraiu para sermos servos de Deus, foi para em seguida nos libertar a nós que a Ele nos submetemos. Por isso, disse: "Já não vos chamo servos, porque o servo não sabe o que faz o seu Senhor. Eu vos chamo amigos, porque vos dei a conhecer tudo o que ouvi de meu Pai" (Jo 15,15).

A amizade de Deus concede a imortalidade aos que a obtêm.

Quando Deus criou o ser humano, não foi porque precisava dele, e sim porque queria ter alguém que pudesse receber os seus favores. Tanto é assim que, antes da criação, o Filho glorificava seu Pai, permanecendo nele, e era também glorificado pelo Pai, como ele mesmo declara: "Pai, glorifica-me junto de ti mesmo, com a glória que eu tinha, junto de ti, antes que o mundo existisse" (Jo 17,5).

Também não foi porque precisava do nosso serviço que Deus nos mandou segui-lo, e sim para dar-nos a salvação. É seguindo o Salvador que se recebe a salvação, é indo para junto da luz que se recebe a luz.

Quem chega perto da luz é para ser iluminado por ela, e não o contrário. É a luz que o torna resplandecente. Ao se aproximar de seu brilho, recebe os benefícios de sua claridade, mas não é capaz de iluminá-la de volta.

Do mesmo modo, o serviço que prestamos a Deus nada acrescenta a Deus, porque ele não precisa daquilo que fazemos. Mas, quando alguém o segue e o serve, Ele o recompensa dando-lhe sua vida abundante, a ressurreição depois desta vida e, por fim, o faz entrar no céu. Deus dá seus benefícios aos que o servem precisamente porque o servem, e aos que o seguem precisamente porque o seguem, mas não recebe deles nada que lhe acrescente alguma coisa, porque tem tudo. É perfeito e não necessita de nada. Deus espera contar com o serviço dos homens porque, sendo bom e misericordioso, quer recompensar com o poder de sua graça a todos os que perseveram em fazer sua vontade. Deus não precisa de nada, nós é que precisamos Dele. Temos necessidade da comunhão com Ele.

É essa a nossa força, a nossa vitória, a nossa recompensa, a nossa honra: perseverar e permanecer no cumprimento da vontade de Deus, fazendo o que Ele quer e servindo-o em tudo o que fazemos, especialmente no cuidado com os mais necessitados. Portanto, quando o Senhor diz: "Não fostes vós que me escolhestes; fui eu que vos escolhi" (Jo 15,16), está esclarecendo que não somos nós que lhe fazemos o favor de segui-lo, e sim Ele que nos favorece e nos honra aos nos colocar ao seu serviço: "Quero que estejam comigo aqueles que me deste para que contemplem a minha glória" (Jo 17,24).

Senhor Deus, cheio de bondade, sua misericórdia nos fez chegar até aqui. Pedimos, em nome de Jesus, que o Senhor nos salve hoje pelo poder de seu braço, de maneira que não nos deixemos arrastar a pecado algum neste dia, mas nossas palavras, nossos pensamentos e obras façam somente o bem que tanto lhe agrada.

Propósito: ligar para uma pessoa com quem você não fala há muito tempo.

Dia 7

TENTADOS, SIM, VENCIDOS, NÃO

"Lavai-vos, purificai-vos. Tirai a maldade de vossas ações de minha frente. Deixai de fazer o mal! Aprendei a fazer o bem! Procurai o direito, corrigi o opressor. Julgai a causa do órfão, defendei a viúva. Vinde, debatamos – diz o Senhor. Ainda que vossos pecados sejam como púrpura, tornar-se-ão brancos como a neve. Se forem vermelhos como o carmesim, tornar-se-ão como lã" (Is 1,16-18).

O sangue de Jesus nos purifica e de todos os nossos erros nos liberta. Do que abate nossa alma, livra-nos o Senhor, e das garras do malvado, Ele vem nos libertar quando nós clamamos: "Dos confins da terra eu te invoco, enquanto meu coração desfalece" (Sl 60,3).

Para que o mal não domine sobre nós, o Senhor nos aponta o que fazer.

Nosso coração cai desfalecido quando é soterrado por grandes tentações. No entanto, uma coisa é certa: enquanto estivermos neste mundo, nenhum de nós escapa de ser tentado, uma vez que é no enfrentamento das tentações que amadurecemos e nos tornamos pessoas melhores.

Os mestres da espiritualidade garantem que ninguém pode se conhecer a si mesmo sem ter sido tentado. Ninguém pode vencer sem antes ter combatido nem pode combater se não tiver inimigo e tentações.

Porém, ainda que você esteja debaixo de uma saraivada de ataques, sentindo-se profundamente angustiado, saiba que você não está abandonado. Jesus, que morreu, ressuscitou e subiu ao céu, fez-se um conosco, enfrentou todos os tipos de males e os venceu para que soubéssemos com absoluta certeza de que alcançaremos o que Ele alcançou e chegaremos aonde Ele chegou.

Portanto, o Senhor Jesus foi à nossa frente e assumiu nosso lugar na luta quando quis ser tentado por Satanás. Diz o Evangelho que Ele foi tentado pelo demônio no deserto. Sim, o Senhor foi tentado pelo demônio, mas como estava ali nos representando, de certo modo nós estávamos lá com Ele. Assim, em Cristo você também estava sendo tentado, porque

Jesus assumiu a sua condição humana para dar a você a salvação que Ele conquistou.

Jesus assumiu a morte que era para você e, no lugar, deu-lhe a vida Dele; assumiu os ultrajes que recairiam sobre você para lhe dar a glória que é Dele. Mais ainda: ele assumiu todas as tentações que iriam sufocar, esmagar e arrastar sua alma para o Inferno a fim de lhe dar a vitória Dele. Fomos tentados de verdade, mas em Cristo vencemos o demônio.

Como um professor que, durante a aula, bate forte as mãos para que os alunos acordem e percebam o que está acontecendo, Santo Agostinho brada: você aceita que o Cristo foi tentado, e por que não toma posse de que ele venceu? Veja-se, em Jesus, enfrentando as tentações e veja-se, em Jesus, vencendo Satanás. O Senhor poderia impedir o demônio de aproximar-se dele; mas, se não fosse tentado, de que modo nos mostraria como vencer a tentação?

Confie na promessa do Senhor: "Farão guerra contra ti, mas não te vencerão. Porque eu, diz o Senhor, contigo estarei e eu hei de te livrar. Da espada escaparás e tua vida salvarás. Porque eu, diz o Senhor, contigo estarei e eu hei de te livrar" (Jr 1,19; 39,18).

A oração que segue é a de São Patrício. Pode ser feita todas as manhãs ou antes de qualquer situação em que necessitemos de especial proteção do Senhor:

Levanto-me, neste dia que amanhece, por uma grande força, pela invocação da Trindade, pela fé na Tríade, pela afirmação da unidade do Criador da criação.

Levanto-me, neste dia que amanhece, pela força do nascimento de Cristo em seu batismo, pela força da crucificação e do sepultamento, pela força da ressurreição e ascensão, pela força da descida para o Julgamento Final.

Levanto-me, neste dia que amanhece, pela força do amor dos querubins, em obediência aos anjos, a serviço dos arcanjos, pela esperança da ressurreição e da recompensa, pelas orações dos patriarcas, pelas previsões dos profetas, pela pregação dos apóstolos, pela fé dos confessores, pela inocência das virgens santas, pelos atos dos bem-aventurados.

Levanto-me, neste dia que amanhece, pela força do céu: luz do sol, clarão da lua, esplendor do fogo, pressa do relâmpago, presteza do vento, profundeza dos mares, firmeza da terra, solidez da rocha.

Levanto-me, neste dia que amanhece, pela força de Deus a me empurrar, pela força de Deus a me amparar, pela sabedoria de Deus a me guiar, pelo olhar de Deus a vigiar meu caminho, pelo ouvido de Deus a me escutar, pela Palavra de Deus em mim falar, pela mão de Deus a me guardar, pelo caminho de Deus à minha frente, pelo escudo de Deus que me protege, pela hóstia de Deus que me salva, das armadilhas do demônio, das tentações do vício, de todos que me desejam mal, longe e perto de mim, agindo só ou em grupo.

Conclamo, hoje, tais forças a me protegerem contra o mal, contra qualquer força cruel que ameace meu corpo e minha alma, contra a encantação de falsos profetas, contra as tenebrosas leis do paganismo, contra as leis falsas dos hereges, contra a arte da idolatria, contra feitiços de bruxas e magos, contra saberes que corrompem o corpo e a alma.

Cristo, guarda-me hoje contra veneno, contra fogo, contra afogamento, contra ferimento para que eu possa receber e desfrutar a recompensa. Cristo comigo, Cristo à minha frente, Cristo atrás de mim, Cristo em mim, Cristo embaixo de mim, Cristo acima de mim, Cristo à minha direita, Cristo à minha esquerda, Cristo ao me deitar, Cristo ao me sentar, Cristo ao me levantar, Cristo no coração de todos os que pensarem em mim, Cristo na boca de todos que falarem em mim, Cristo em todos os olhos que me virem, Cristo em todos os ouvidos que me ouvirem.

Propósito: meditar por 15 minutos sobre a Paixão de Jesus.

Dia 8

AMOR É TUDO O QUE EU PEÇO

"Os que correm no estádio correm todos juntos, mas um só ganha o prêmio. Correi de tal maneira que conquisteis o prêmio. Todo atleta se sujeita a uma disciplina rigorosa em relação a tudo, e procede assim para receber uma coroa corruptível. Quanto a nós, a coroa que buscamos é incorruptível" (1Cor 9,24-25).

Vamos considerar como é grande a misericórdia de Deus, que fez de nós, pobres pecadores, seus filhos. Cheio de bondade, o Senhor nos ama tanto que, mal tenhamos nos desviado, concedeu remédio, perdoando os nossos pecados e dando-nos seu Filho Jesus para nos salvar. Com Jesus, deu-nos também tudo o que é necessário para o nosso bem. Uma vida inteira não bastaria para enumerar todos os benefícios que Deus nos concedeu.

Ainda assim, tudo o que ele pede a cada um de nós, em agradecimento por sua bondade, não é que tenhamos amor para com ele e para com os irmãos que Ele pôs ao nosso lado?

Será que vamos passar a vergonha de nem mesmo isso lhe oferecer, já que são tantas e tão importantes as graças que recebemos ou que estamos esperando receber de suas mãos? Acima de tudo, Ele quer o nosso amor e não tem vergonha de admitir isso. E se ele, sendo Deus e Senhor poderoso, não se envergonha de ser chamado de Pai, por nós que não o merecemos, como teremos coragem de recusar amar e estender as mãos aos nossos irmãos que precisam?

Eu não posso me permitir agir assim tão mal! Longe de nós usar de modo tão ruim os recursos que a bondade divina nos confiou para que um dia não tenhamos que escutar palavra tão dura: “Envergonhe-se, você que se apodera do que não é seu; procure imitar a bondade de Deus e ninguém ao seu lado passará necessidade.” Os que se preocupam em juntar e guardar dinheiro, enquanto veem seus irmãos penarem com diversas necessidades, correm o risco de merecer as duras e assustadoras palavras do profeta: Tomai cuidado, vós que andais dizendo: “Quando passará o mês para vendermos; e o sábado, para abrirmos nossos celeiros?” (Am 8,5).

Seremos felizes se imitarmos o modo de proceder do Pai que está nos céus, pois Ele faz chover sobre os justos e os pecadores e faz o sol igualmente levantar-se para todos. Sua generosidade alcança toda a criação. Ele oferece aos animais que vivem na Terra a extensão dos campos, as fontes, os rios e as florestas. Ele concede às aves a amplidão dos céus, e aos animais aquáticos, a vastidão das águas. Ele proporciona os meios necessários para a subsistência de todos, sem restrições, sem condições, sem fronteiras. Ele põe tudo em comum, à disposição de todos eles, com abundância e generosidade, de modo que nada falte a ninguém.

Assim age o nosso bom Senhor para com os que Ele criou, a fim de dar a todos tudo de que precisam para o seu bem, de acordo com a necessidade própria e dignidade de cada um. A todos o Senhor manifesta a riqueza da sua bondade.

Por isso, Ele tem uma direção para o nosso dia de hoje: "Amai os vossos inimigos, fazei o bem e emprestai sem esperar a recompensa, a fim de serdes filhos do vosso Pai celeste." "Ele faz seu sol nascer sobre os maus e sobre os bons e igualmente faz chover sobre os justos e os injustos." "Sede misericordiosos, como o vosso Pai celeste" (Lc 6,35; Mt 5,45; Lc 6,36).

Senhor, ofereço-te o que vou fazer agora: meus trabalhos, estudos, atividades, conversas etc. Em tudo quero ser presença viva do teu amor para os meus irmãos, amando-os, ajudando-os, fazendo-lhes todo tipo de bem, sem nada esperar em troca. Põe tua mão sobre mim e conduz-me com teu Santo Espírito. Dá-me clareza, discernimento, inspiração. Revela-me tua vontade, ó Deus, e ampara-me com tua força em tudo o que eu realizar para que o faça com amor e para o bem dos meus irmãos.

Que o meu empenho seja agradável a ti e suba aos céus como verdadeira oração.

Ó Maria concebida sem pecado, rogai por nós que recorremos a vós. Amém!

Propósito: convidar um(a) amigo(a) para um momento de oração.

Dia 9

QUEM TUDO NOS DEU TAMBÉM NOS ENSINOU A TUDO PEDIR

"'Naquele dia não me perguntareis mais nada.' 'Em verdade, em verdade vos digo: se pedirdes ao Pai alguma coisa em meu nome, ele vos dará. Até agora, não pedistes nada em meu nome. Pedi e recebereis, para que a vossa alegria seja completa. Eu vos falei estas coisas por meio de figuras. Vem a hora em que não mais vos falarei em figuras, mas vos falarei claramente do Pai. Naquele dia pedireis em meu nome. E não digo que eu rogarei ao Pai por vós. Pois o próprio Pai vos ama, porque vós me amastes e acreditastes que saí de junto de Deus. Eu saí do Pai e vim ao mundo. De novo, deixo o mundo e vou para o Pai.' Os seus discípulos disseram: 'Agora sim, falas abertamente, e não em figuras. Agora vemos que conheces tudo e não precisas que ninguém te faça perguntas. Por isso acreditamos que saíste de junto de Deus!' Jesus respondeu: 'Credes agora? Eis que vem a hora, e já chegou, em que vos dispersareis, cada um para seu lado, e me deixareis sozinho. Mas eu não estou só. O Pai está sempre comigo.' 'Eu vos disse estas coisas para que, em mim, tenhais a paz. No mundo tereis aflições. Mas tende coragem! Eu venci o mundo'" (Jo 16,23-33).

O que você vai encontrar na Palavra de Deus? Ensinamentos que o tornarão sábio, a graça de uma paz e uma confiança como você nunca havia tido em sua vida, a segurança para viver com uma firmeza inabalável, a força para revigorar seu coração, as respostas que lhe mostrarão o caminho a seguir nas mais difíceis situações, as garantias para obter a salvação.

A Palavra de Deus conduz para o céu os que nesta vida aprendem com ela. No passado, o Senhor se valeu de seus servos, de seus profetas e de muitos outros meios para nos orientar. Mas, agora, Ele nos fala diretamente por meio de seu Filho. Sua Palavra já se manifestava em seus antigos ministros, mas agora o Senhor Jesus Cristo dá testemunho de viva voz.

Jesus veio a nós para que tenhamos um encontro pessoal com Ele, para falar-nos pessoalmente. Achegou-se, com todo o seu amor, para nos mostrar como sair das cadeias do inimigo e abrir o caminho para que nós, ignorantes e perdidos, agora iluminados pela luz do Espírito Santo, pudéssemos escapar das trevas da morte para o caminho da vida. Feliz de quem vai com

Ele, de quem lhe obedece e trilha sua estrada, de quem segue protegido e guiado por Ele.

Entre os mais preciosos ensinamentos que o Senhor nos deu para nossa salvação estão aqueles em que nos ensinou a maneira correta de orar, nos explicou e indicou o que devemos pedir.

Coisa admirável é ver que Aquele que morreu para nos dar a vida também nos ensinou a pedir tudo o mais de que precisamos. E fez isso com a mesma bondade com que se dispôs a conceder-nos tantos outros bens que viéssemos a suplicar ao Pai em seu nome. Desde o início Ele quis que, dirigindo-nos ao seu Paizinho amado com a mesma súplica e oração que Ele nos ensinou, sejamos mais facilmente ouvidos.

A respeito da oração, o Senhor também havia assegurado que chegaria o momento no qual os verdadeiros adoradores adorariam o Pai em Espírito e em verdade. E cumpriu sua promessa ao nos santificar para que, cheios do seu Espírito, verdadeiramente adoremos a Deus como lhe agrada. Portanto, neste mundo com tantas doutrinas falsas, desvios e espiritualismos, precisamos saber que não existe oração mais santa, eficaz e espiritual do que aquela ensinada por Jesus, que também nos encheu com seu Espírito. Também não há clamor mais puro e verdadeiro aos olhos do Pai do que o que saiu da boca de seu amado Filho, que é a Verdade.

Assim sendo, orar de maneira diferente da que o Senhor nos ensinou não é só ignorância, é também cometer um pecado, a respeito do qual Ele nos alerta: "Desprezais o mandamento de Deus a fim de guardar as vossas crenças" (Mc 7,9).

Então, para agradar a Deus e ser ouvido, ore como Jesus ensinou. A oração agradável e querida por Deus é aquela que rezamos com as próprias palavras do Senhor, fazendo subir aos seus ouvidos a oração de Cristo. E que, quando estivermos orando, aconteça de o Pai reconhecer em nossos lábios as palavras de seu Filho amado, a quem Ele não nega nada.

Peça a Jesus, que mora em seu coração, que fale também em sua voz. Já que Ele é o nosso advogado junto ao Pai para nos defender de nossos pecados, usemos as palavras Dele quando formos pedir que Deus nos perdoe por nossas faltas. Jesus garantiu que tudo o que pedirmos ao Pai em seu nome nos será dado (Jo 14,13). Nossos pedidos serão ainda mais eficazes se, além de orar em seu nome, pedirmos também com sua mesma oração!

Neste momento, é a você que o Senhor se dirige: "Até agora não pedistes coisa alguma em meu nome. Pedi e recebereis e tereis plena alegria. O que pedirdes ao meu Pai, em meu nome, eu vos darei, para que seja, assim, o Pai glorificado no seu Filho. Pedi e recebereis e tereis plena alegria."

"Meu Senhor e meu Deus, tenho muitas coisas a pedir. Mas pouco me adianta ter as necessidades se antes eu não tiver a capacidade de trazê-las diante de ti. Senhor, dá-me tudo de que preciso, mas dá-me antes a graça da oração, a confiança no pedir e a paciência no esperar. Peço-te que me concedas, agora, o dom de orar sem cessar. E se não consigo isso com longas orações, dá-me, Senhor, o privilégio de chegar lá com as pequenas súplicas. Sei que nenhuma oração é pequena demais se nela estiverem o amor e a confiança em ti.

Põe em meu espírito um clamor que não se interrompe, põe o teu gemido inefável em meu coração. Suplico, contudo, que a oração me ampare principalmente no tempo das tentações. Por isso, peço já agora o que devo repetir sempre: "Senhor, ajuda-me! Senhor, assiste-me, protege-me! Senhor, não me abandones; tem piedade de mim!"

Dentro de mim, orarei ao Deus de minha vida: "Ó Deus, tu és o meu Deus, desde a aurora te procuro. De ti tem sede a minha alma, anela por ti minha carne, como terra deserta, seca, sem água. Assim no santuário te busquei para contemplar teu poder e tua glória. Pois tua graça vale mais que a vida, meus lábios proclamarão o teu louvor. Assim te bendirei enquanto eu for vivo, no teu nome eu erguerei minhas mãos" (Sl 62,2-5).

Como fazer uma leitura orante da Palavra de Deus.

Logo no início, diga ao Senhor:

Meu Deus, creio que estás aqui comigo agora. Eu te adoro com todo o meu ser. Senhor, eu não mereço estar diante de ti, nem mereço o céu que o Senhor conquistou para mim. Sem ti eu já estaria perdido e condenado. Eu me arrependo de ter te ofendido. Perdoa-me. Pai Eterno, por amor de Jesus e de Maria, ilumina-me!

Em seguida, peça a assistência de Nossa Senhora com uma Ave-Maria. Peça a intercessão de São José e do seu anjo da guarda.

Agora leia o texto sagrado; vá interrompendo a leitura sempre que encontrar uma passagem que tenha um significado maior para você. Tenha gestos e palavras de humildade, de agradecimento e, principalmente, de arrependimento e de amor. Ore repetidamente:

Senhor, faze de mim o que quiseres, ajuda-me a saber o que queres de mim; quero fazer somente o que te agrada.

Ore muito, pedindo a Deus a perseverança, o amor, a sabedoria, a força para fazer sempre a vontade divina, a graça de orar sempre.

Antes de terminar a oração, faça um propósito particular, de evitar alguma falha mais frequente.

Termine com um Pai-Nosso e uma Ave-Maria.

Sempre peça a Deus pelas almas do Purgatório e pela salvação dos pecadores.

Propósito: fazer alguns minutos de adoração a Jesus na Eucaristia.

Dia 10

CORAÇÕES FERIDOS

"Voltai para mim com todo o vosso coração, com jejuns, lágrimas e gemidos; rasgai o coração, e não as vestes; e voltai para o Senhor, vosso Deus; ele é benigno e compassivo, paciente e cheio de misericórdia, inclinado a perdoar o castigo" (Jl 2,12-13).

Para desfazer a trama do diabo neste mundo, foi encontrado o meio pelo qual o homem vivo morresse e depois vivo ressuscitasse. Pela graça do batismo, a alma fica unida e amalgamada no sangue de Cristo.

Sabemos sem erro que durante várias gerações Deus estabeleceu leis que estiveram em vigor enquanto foi de seu agrado e que mais tarde caíram em desuso. São Lucas comenta que no passado o Reino de Deus assumiu formas diversas, segundo os diversos tempos (At 14,16). Todas essas alianças eram diferentes umas das outras, mas todas gozaram da fidelidade de Deus, que em tudo é verdadeiro, e os seus ensinamentos nunca traem o que prometem. Por isso, cada uma das alianças que Ele fez, tal como a circuncisão, foi em seu tempo firme e verdadeira.

No entanto, a circuncisão que verdadeiramente lhe agrada é espiritual e gera vida, é aquela de que fala Jeremias: circuncidai o vosso coração (Jr 4,4). E você a recebe por meio do batismo para a remissão dos pecados. Nessa nova e definitiva aliança, não há mais a circuncisão da carne como sinal de pertença a seu povo:

"Um dia chegará – oráculo do Senhor –, quando hei de fazer uma nova aliança com a casa de Israel e a casa de Judá. Não será como a aliança que fiz com seus pais quando pela mão os peguei para tirá-los do Egito. Essa aliança eles quebraram, mas continuei senhor deles – oráculo do Senhor. Esta é a aliança que farei com a casa de Israel a partir daquele dia – oráculo do Senhor, colocarei a minha lei no seu coração, vou gravá-la em seu coração; serei o Deus deles, e eles, o meu povo. Ninguém mais precisará ensinar seu irmão, dizendo-lhe: 'Procura conhecer o Senhor!' Do menor ao maior todos me conhecerão – oráculo do Senhor. Já terei perdoado suas culpas, de seu pecado nunca mais me lembrarei" (Jr 31,31-34).

Antes, Josué marcava com uma faca de pedra a carne do povo que atravessou as águas do rio Jordão. Agora, Jesus, nosso Salvador, marca para sempre, com a espada da Palavra de Deus, o coração de todo aquele que nele crê e é purificado pelo batismo (Hb 4,12). No passado, Josué introduziu na terra prometida os que passaram pela água do Jordão. Hoje, Jesus, nosso Salvador, promete a terra da vida a todos os que, passando pela água do batismo, crerem nele e tiverem o coração circuncidado. Felizes os que entenderam, amaram e acolheram a graça do batismo, pois acolheram em si o próprio Deus! Por essa razão, terão vida nova aqui e, no mundo que há de vir, receberão a herança prometida, juntamente a Abraão, guia fiel e pai de todos os povos, porque a sua fé lhe foi atribuída como justiça.

O batismo é o mais belo e o mais magnífico dom de Deus.

Chamamo-lo de dom, graça, unção, iluminação, veste de incorruptibilidade, banho de regeneração, selo e de tudo o que há de mais precioso. Dom, porque é conferido àqueles que nada trazem; graça, porque é dado até a culpados; batismo, porque o pecado é sepultado na água; unção, porque é sagrado e régio (tais são os ungidos); iluminação, porque é luz resplandecente; veste, porque cobre nossa vergonha; banho, porque lava; selo, porque nos guarda e é o sinal do senhorio de Deus.

Vamos orar ao Senhor:

Curai-me, ó Deus Santo, pois pequei contra vós! Curai-me, Senhor, curai-me. Tende piedade de mim, renovai-me! Pois pequei contra vós. Curai-me, Senhor, curai-me.

Ao Senhor que lhe diz: "Hei de fazer nova aliança com a casa de Israel, colocando em suas mentes minhas leis e mandamentos. Escreverei as minhas leis em seus próprios corações;

não com tinta escreverei, mas com o Espírito do Deus vivo. Não em tábuas de pedra, mas em tábuas de carne que são vossos corações" (Hb 8,8b.10b; 2Cor 3,3).

Diga-lhe com suas palavras, se possível em alta voz, que você o aceita:

Jesus, eu creio firmemente que tu és o Filho de Deus, o Messias. Que vieste a este mundo não para me condenar por meus pecados, mas para salvar-me. Reconheço que sou um grande pecador, mas ao mesmo tempo proclamo que a tua misericórdia e perdão são maiores que meus pecados.

Hoje proclamo com minha boca o que creio firmemente em meu coração: tu és o único Salvador deste mundo. Tu és meu Salvador pessoal. Creio em ti, confio em ti e peço-te que me dês agora a nova vida em abundância que tu ganhaste para mim com tua morte na cruz e tua gloriosa ressurreição. Quero ter um encontro pessoal contigo e com a tua salvação.

Sei e confio que nunca decepcionas o que crê e confia em ti.

Propósito: visitar uma pessoa doente.

DIA 11

QUEM AMA IMITA

"O Senhor teu Deus te escolheu dentre todos os povos da terra para seu povo particular, porque o Senhor vos amou e quis cumprir o juramento que fez a vossos pais. Foi por isso que o Senhor vos fez sair com mão forte, resgatando-vos da casa da escravidão, das mãos do Faraó, rei do Egito. Saberás, pois, que o Senhor teu Deus é o único Deus, um Deus fiel, que guarda a aliança e a misericórdia até mil gerações para aqueles que o amam e observam seus mandamentos" (Dt 7,6b.8-9).

Jamais devemos considerar alguém como um caso perdido e sem esperança de salvação. Por isso, não devemos deixar de ajudar com toda prontidão aqueles que correm perigo e tampouco demorar em socorrê-los.

Quando Jesus estava sendo crucificado, dois ladrões também o foram. Contudo, um deles agiu de modo curioso do começo ao fim. Ele era um assassino e um ladrão, foi por essa razão que o haviam condenado a padecer e morrer na cruz. Já havia sido preso; outras vezes, açoitado, mas nada disso bastou para dissuadi-lo de sua vida criminosa. Recebeu então o prêmio dos incorrigíveis: a pena de morte.

Que todos estivessem de acordo que ele deveria morrer era compreensível; o que pasma, porém, é que ele mesmo aprovava a decisão: "Para nós, é justo sofrermos, pois estamos recebendo o que merecemos" (Lc 23,41). Havia aceitado a condenação. Morrer parecia-lhe uma saída melhor do que se corrigir. Tinha desistido. Havia se entregado ao crime e agora entregava-se à morte. Porém, naquela Sexta-Feira da Paixão, teve a humildade de recorrer ao seu colega de crucificação, Jesus, que havia sido condenado sem ter feito nada de mal. E Jesus o atendeu. Enquanto todos o rejeitavam e empurravam para fora deste mundo com tapas, pontapés e cusparadas, o Senhor o recebeu e deu-lhe a oportunidade que todos lhe negaram: a chance de uma vida nova: "Hoje ainda estarás comigo no paraíso."

Para Jesus não há casos perdidos. A ninguém que se arrependa Ele recusa o seu perdão. E não vira as costas a quem o procura, ainda que tenha sido até o momento um assassino e ladrão. Este é o milagre da misericórdia: ninguém precisa ser varrido com o lixo e jogado fora, pois Ele veio buscar e salvar precisamente o que estava perdido.

Se queremos parecer com esse Deus cheio de bondade porque fomos criados à sua imagem, temos que seguir o seu exemplo. Dizer "eu sou cristão" é o mesmo que dizer a todos, inclusive aos que nos maltratam: "Conte com meu amor e minha ajuda." Precisamos ter diante dos olhos a que ponto chegou Jesus para que não ficássemos abandonados à nossa própria sorte.

Como poderemos esquecer as riquezas de sua bondade?! Nunca se esqueceu de nós. Desejoso do nosso bem, antes que chegasse sua hora, enviou na frente João Batista para ensinar e mostrar como sair da vida miserável a que nos sujeitamos pelo pecado. E, antes ainda, enviou seus servos e profetas, homens e mulheres cheios do seu Espírito, para nos ensinarem a cura pelo arrependimento, como sair do erro, escapar dos vícios e voltar ao bom caminho e a mudar os nossos rumos para uma vida melhor.

Vendo que ainda não era o bastante, veio pessoalmente nos chamar: "Vinde a mim, todos vós que estais cansados e carregados de fardos, e eu vos darei descanso" (Mt 11,28). A quem atende ao seu convite, o que Ele faz? Concede-lhe sem dificuldade o perdão dos pecados e a imediata libertação de seus sofrimentos.

É isto o que Jesus faz: sana os que vêm a Ele e os torna firmes com seu Espírito, arranca-lhes da alma as raízes contaminadas pelo pecado que os adoecia, lava suas feridas e os faz nascer de novo, pelo batismo, transformando toda a sua vida. Por isso, o diabo teme e treme diante de uma pessoa assim, já que ela resplandece a graça de Deus. Quer mais? De inimigos de Deus que éramos por nossos pecados, tornou-nos seus amigos;

éramos estranhos, e fez-nos filhos; vivíamos como uns "sem Deus", e Ele nos curou e encheu de confiança.

Para nos mostrar com que ternura e cuidado zela por nós, Jesus usa o exemplo do pastor. Quer também que aprendamos com Ele a cuidar dos nossos irmãozinhos, e que façamos isso com grande bondade e desejo de ajudá-los.

Então o Senhor conta que um pastor de cem ovelhas, ao verificar que uma delas se perdeu do rebanho e andava sem rumo, não se conformou em ficar com as outras que estavam seguras. Saiu à sua procura, atravessando vales e florestas, transpondo altos e escarpados montes, percorrendo desertos, num esforço incansável até encontrá-la.

Ao encontrá-la, não a castigou nem a obrigou à custa de violência a caminhar todo o trajeto de volta até o rebanho; ao contrário, pegou-a no colo e, pondo-a em seus ombros, tratou-a com todo carinho, levou-a para o aprisco e por causa dessa única ovelha recuperada sentiu mais alegria do que por todas as outras.

Quem dera se todos entendessem a verdade escondida por trás dessa história! Sinceramente, Jesus não estava falando nem de ovelha nem de pastor, e sim de uma realidade mais profunda.

Existe aqui um ensinamento sagrado: nunca devemos julgar as pessoas como gente perdida e sem esperança de salvação. Nunca devemos deixar de ajudar de todo o coração, sobretudo quando se encontram em perigo. Precisamos socorrê-las pronta e generosamente.

Por amor a Deus, você e eu precisamos fazer tudo o que estiver a nosso alcance para trazer de volta ao bom caminho os que se afastaram de Deus e da verdadeira vida. Vai dar certo. Nós vamos conseguir porque é isso o que Deus quer.

E quando conseguirmos, não fiquemos com ciúmes ou com inveja pela festa de sua volta. Nem fiquemos chateados pelas coisas erradas que fizeram. Tenhamos alegria, pois nosso irmão está de volta ao lar, porque nosso Pai está se desfazendo em sorrisos porque Ele escapou da morte e agora está cheio de vida.

Se você conhece alguém que está triste ou precisando de cura espiritual, física ou emocional, tome autoridade no nome de Jesus, peça perdão por seus pecados. Tome conhecimento de que, "se alguém está em Cristo, é criatura nova. O que era antigo passou, agora tudo é novo. Ora, tudo vem de Deus, que, por Cristo, nos reconciliou consigo e nos confiou o ministério da reconciliação. Sim, foi o próprio Deus que, em Cristo, reconciliou o mundo consigo, não levando em conta os delitos da humanidade, e foi ele que pôs em nós a palavra da reconciliação. Somos, pois, embaixadores de Cristo, é como se Deus mesmo fizesse seu apelo através de nós. Em nome de Cristo, vos suplicamos: reconciliai-vos com Deus" e "Embora vivendo na carne, não militamos segundo a carne. As armas do nosso combate não são carnais. São armas poderosas aos olhos de Deus, capazes de derrubar fortalezas. Destruímos sofismas e todo orgulho intelectual que se levanta contra o conhecimento de Deus; e subjugamos todo pensamento para torná-lo obediente a Cristo" (2Cor 5,17-20; 10,3-5). Perdoe todos que ofenderam você; na presença ou ausência da pessoa que precisa, ore com muita fé:

Senhor nosso Pai, em nome de Jesus, derrubamos, com o poder do Espírito Santo, todas as fortalezas da mentira, engano, escravidão espiritual, presunção e orgulho que pesam sobre este irmão (dizer o nome da pessoa).

Senhor Pai amoroso, usando a autoridade que nos foi concedida pelo Senhor ressuscitado, vencedor de todo mal e da morte eterna, derrubamos as barreiras que se levantam na vida deste teu filho para que ele não te conheça nem te adore.

Senhor Pai justo e santo, em nome de Cristo ressuscitado, único Senhor do Universo, nós agora expulsamos da vida deste irmão todas as trevas e influências malignas em todas as áreas do seu ser, assim como todo e qualquer domínio que o teu inimigo, Senhor, possa ter sobre ele.

Neste instante, pelo sangue do Senhor Jesus, que na glória intercede por nós, libertamos esta pessoa para que ela viva reconciliada contigo, converta-se, confesse os próprios pecados e seja, a partir de agora, o teu filho obediente. E te agradecemos por isso, Senhor.

Pela autoridade do nome onipotente do Senhor Jesus, eu quebro todo o poder de Satanás sobre a vida deste irmão, reclamo a sua salvação, cura e libertação de todo malefício, rituais e invocações ligados ao ocultismo, a quaisquer forças das trevas, a qualquer ação diabólica. Liberta-o, Senhor, de toda insegurança, medo, para que a sua alegria seja perfeita (Jo 16,24b) e o sangue precioso do Senhor Jesus produza nele os frutos do Espírito Santo.

Santa Maria, Mãe de Deus, roga por este teu filho (diga o nome da pessoa), por sua conversão, salvação e libertação.

São José, eu te entrego incessantemente a salvação da alma desse irmão, resgatada à custa do precioso sangue de Jesus. O senhor sabe o quanto são infelizes aqueles que, virando as costas para Jesus, estão correndo o sério risco de perderem o seu Salvador por toda a eternidade. Não permitas que esta pessoa, que me é tão querida, fique por muito tempo separada de Jesus. Faz com que ela perceba o perigo em que se encontra. Fala fortemente ao seu coração. Com tua intercessão, reconduze esse filho pródigo aos braços do melhor dos pais e não o abandones sem lhe teres aberto as portas do céu. Amém!

Propósito: rezar um mistério do terço pelas almas do Purgatório.

Dia 12

AMAR TAMBÉM SE APRENDE

"De fato, se vós perdoardes aos outros as suas faltas, vosso Pai que está nos céus também vos perdoará. Mas, se vós não perdoardes aos outros, vosso Pai também não perdoará as vossas faltas" (Mt 6,14-15).

A gente aprende a amar quem não merece nosso amor vendo a paciência que Jesus teve na cruz. Bateram e cuspiram em seu rosto; machucaram seus olhos que, cheios de sangue, mal podiam enxergar; seu corpo ficou em carne viva devido aos açoites; sua cabeça foi atravessada por espinhos enquanto zombavam dele. Quanta humilhação! Quanta ofensa! E Ele? Suportou tudo: a cruz, os pregos, a lança, o fel e o vinagre, sem perder a paciência. Sabe como Ele tratou os que o esmagavam? Com doçura, mansidão e serenidade.

Sofreu calado (Is 53,7). E quando abriu a boca, foi para rezar: Pai, perdoa-lhes! (Lc 23,34). Será que alguém ainda conseguiria dizer que não vai perdoar seu inimigo depois disso, quando seu próprio Salvador pede ao Pai que o perdoe? Não consigo imaginar uma prova de amor maior do que rezar e pedir a Deus que perdoe quem nos mata com crueldade ou mata alguém que nós amamos.

Entretanto, Jesus não parou por aí. Quis também desculpar seus assassinos: Pai, perdoa-lhes! Eles não sabem o que fazem! (Lc 23,34). Sim! Esses grandes pecadores não têm ideia da gravidade do que estão fazendo. Por isso, Pai, perdoa-lhes! Crucificaram-me, mas não sabem a quem crucificaram, porque, se soubessem, "não teriam crucificado o Senhor da glória (1Cor 2,8). Por isso, Pai, perdoa-lhes! Julgaram que eu era um criminoso, um impostor que desencaminhava as pessoas. Não deixei que me vissem glorioso e cheio de poder, assim, não reconheceram em mim o seu Deus. Por isso, Pai, perdoa-lhes! Eles não sabem o que fazem!

Tudo isso serviu para desalojar o pecado dos nossos membros e tornou-se poder para nossa libertação. Para ser totalmente livre e ter em si o amor de Deus, a pessoa não pode se deixar arrastar pelos prazeres carnais. A fim de não cair nas tentações da carne, mantenha os seus olhos no corpo crucificado do Senhor e contemple, em sua santa humanidade, como foi que Ele venceu. Contudo, se quer estar unido ainda mais perfeitamente ao Senhor, se quer ter a alma inflamada pelo fogo do Espírito, faça como Jesus: abrace também com verdadeiro amor os seus inimigos. Mas, para que esse fogo divino não diminua ou se apague diante dos ataques que virão, tenha sempre em seus pensamentos como o seu amado Senhor e Salvador suportou toda aquela maldade mantendo toda paciência e mansidão com quem o torturava.

Ele próprio entregou a sua vida e deixou-se colocar entre os facínoras. Tomou nossos pecados sobre si, intercedendo em favor dos pecadores. Jesus dizia na cruz: Perdoai-lhes, ó Pai, pois não sabem o que fazem (Is 53,12b; Lc 23,34).

Oremos também nós por aqueles que nos maltratam:

Deus amado, meu Pai querido, acende o fogo do teu amor em meu coração para que, amando mais, eu consiga perdoar. Dá-me a graça de estar mais perto de ti, faze-me mais íntimo teu, por meio do perdão. Cura-me da cegueira causada pelo rancor e pela raiva. Ajuda-me a reconhecer as áreas da minha vida que a falta de perdão mantém enfermas e em trevas.

Senhor Jesus, ensina-me a perdoar como tu fizeste. Quero obedecer a ti, Senhor! Quero seguir teus passos, amando e perdoando a todos sem reservas – a exemplo do que fizeste no alto da cruz: "Pai, perdoa-lhes porque não sabem o que fazem!" Transforma meu coração melindroso e ressentido. Dá-me força para mudar essa inclinação que tenho para guardar mágoas. Em vez disso, que a tua paz reine vitoriosa em meu coração e apazigue também o meu corpo, de modo que todos os que me virem desejem essa mesma paz que só tu podes conceder.

Espírito de Deus, envolve-me por dentro e por fora, corpo e alma. Não permitas que nada escape à tua luz salutar, que nada em minha alma fique relegado à escuridão! Traz à luz todas as situações em que faltou perdão e por isso estão doentes de amargura, ressentimento, ódio e rancor.

Ajuda-me, Senhor! Dá-me coragem, generosidade, vontade e força para me abrir ao dom e à graça de perdoar! Eu aceito dar o perdão a essas pessoas que me feriram. Quero mudar meu modo de proceder com elas a partir de agora. Senhor, comove o meu coração e me ajuda a perdoar todos os que me provocaram e magoaram.

Eu perdoo agora (dizer o nome de todos os que lembrar, inclusive daqueles que já faleceram. Fique algum tempo em silêncio e permita que o Espírito Santo lhe recorde quem são essas pessoas). Eu as perdoo e peço ao Senhor que também as perdoe e liberte de todo mal. Estou em paz, graças a Deus, e assim quero viver. Amém!

Propósito: oferecer ajuda para algum familiar.

Dia 13

A GRAÇA E A VERDADE VIERAM COM JESUS

"Com a sua experiência, o meu servo, o justo, fará que a multidão se torne justa, pois é ele que carrega os pecados dela. Por isso vou partilhar com ele as multidões, como conquista, ele recolherá os fortes, pois entregou à morte a própria vida, foi contado entre os criminosos. Ele, porém, estava carregando os pecados da multidão e intercedendo pelos criminosos" (Is 53,11b-12).

O Senhor sempre escolhe aqueles diante dos quais vai manifestar o seu poder glorioso (Mc 9,2-3; At 10,41; Mc 5,37-40). No Tabor, Ele se transfigurou na presença de alguns daqueles que o acompanhavam; e o fez com tanto esplendor que seu rosto brilhou como o sol; seu corpo, semelhante ao nosso, resplandecia; suas vestes fulguravam brancas como a neve. Um dos motivos por que fez isso era fortalecer os discípulos para que não caíssem em desespero quando o vissem ser tão violenta e cruelmente pregado numa cruz. Quis que o vissem assim para que a monstruosa vergonha e desonra que Ele espontaneamente escolheu sofrer não abalasse a fé daqueles a quem tinha sido anunciado o Messias e o Reino dos Céus com tantos sinais.

Fez isso também para mostrar, a todos os que o seguem, a imensidão do prêmio que os espera no futuro. Quem crê que Jesus é o Filho de Deus e confia em sua Palavra pode contar com a promessa de ser também ele transformado, pois receberá também daquela mesma recompensa que primeiramente foi dada a Ele.

Como não acreditaríamos, se é o próprio Senhor quem diz que seremos transfigurados? “Então os justos brilharão como o sol, no Reino de seu Pai” (Mt 13,43). E São Paulo não tinha nenhuma dúvida a esse respeito: “Eu penso que os sofrimentos do tempo presente não têm proporção com a glória que há de ser revelada em nós. De fato, toda a criação espera ansiosamente a revelação dos filhos de Deus.” “Pois morrestes, e a vossa vida está escondida com Cristo em Deus. Quando Cristo, vossa vida, se manifestar, então vós também sereis manifestados com ele, cheios de glória” (Rm 8,18; Cl 3,3-4).

Mas algo curioso e importante acontece durante a transfiguração: Moisés e Elias aparecem conversando com o Senhor. Estão ali como testemunhas. Estão ali para afirmar que a lei e os profetas encontram Nele, o Rei da Glória, a sua total realização, de modo que se cumpre plenamente, na presença daqueles cinco homens, o que está escrito: será digna de fé toda palavra proferida na presença de duas ou três testemunhas (Mt 18,16). O que pode haver de mais seguro, mais firme e mais confiável do que essa palavra, quando ali, no Tabor, o Antigo e o Novo Testamento se encontram para testemunhar que Jesus Cristo é o Senhor?

Tanto que João mais tarde vai dizer a respeito do que ele viu quando estava lá: "pois a Lei foi dada por meio de Moisés, a graça e a verdade vieram por meio de Jesus Cristo" (Jo 1,17). Em outras palavras, Jesus, pela sua presença, mostra a verdade das profecias e, pela sua graça, torna possível cumprir os mandamentos.

Portanto, esse testemunho vivo e verdadeiro chegou até nós para nos ajudar a crer com firme convicção que Ele é o Cristo, o Filho de Deus, o nosso Salvador, que venceu o pecado, o demônio e a morte. Sim! Nosso Deus foi crucificado. Sim! Para que sua vitória fosse absoluta, teve que morrer como o mais miserável dos fracassados. Mas jamais nos esqueçamos de que sua morte foi precedida por uma vida de muitos sinais e milagres e seguida por uma ressurreição da qual muitas pessoas foram testemunhas oculares.

Que nenhum de nós se envergonhe da cruz de Cristo, pois, graças a ela, o mundo foi salvo. Que nenhuma pessoa de bem desanime, mesmo em face dos sofrimentos injustos que tenha que enfrentar, nem duvide da recompensa que Jesus preparou para os que lhe são fiéis, porque é lutando que se vence, e é passando pela morte que se alcança a ressurreição.

O Senhor assumiu as nossas fraquezas para que pudéssemos ter a sua força; se permanecermos em sua presença e o aceitarmos como nosso único Senhor, venceremos o que ele venceu e receberemos o que prometeu. A quem hoje seja muito custoso cumprir os mandamentos, a quem se vê combatido pelos vícios e esteja enfrentando muitos problemas, decepções e as mais duras aflições, permita que ressoe aos seus ouvidos agora a voz do Pai, a apresentar-lhe a saída: "Este é o meu filho amado, nele está meu pleno agrado: Escutai-o!" (Mt 17,5). Ouça o conselho de nossa Mãe santíssima: "Fazei tudo o que Ele vos disser" (Jo 2,5).

Dá-me fé, Senhor. Concede-me a graça de me abandonar completamente a ti.

Concede-me o desejo de tudo enfrentar por ti.

Dá-me um coração corajoso e bom.

Liberta-me de meu egoísmo.

Liberta-me do medo.

Permita-me estar totalmente unido a ti.

Permita que o céu desça sobre mim.

Ó Jesus, fica comigo.

Fortalece-me com teu sangue.

Dá-me a fé que me fará vencer essa provação.

Dá-me a coragem que pode ultrapassar todos os limites por tua causa.

Ajuda-me a dizer, como Maria: "Sim, Pai." Faça-se em mim conforme queres.

Quero ficar firme.
Que os meus olhos estejam em ti.
Que tua paz venha sobre mim.
Que teu amor seja derramado em meu coração.
Faze-me pronto para o sacrifício.
Faze-me forte para aguentar os golpes que vêm.
Concede-me ver-te como o meu mestre nas dores.
Que te vejam em mim quando me olharem.
Concede-me crer que nada pode me separar de ti.
Faz-me crer que o teu socorro virá.
No poderoso nome de Jesus.

Propósito: oferecer seu trabalho ou seu estudo pelas crianças que não têm família.

Dia 14

NOSSO LIBERTADOR É MAIOR

"Nossa capacidade vem de Deus, que nos tornou capazes de exercer o ministério da aliança nova, não da letra, mas do Espírito. A letra mata, o Espírito é que dá a vida. Se o ministério da morte, gravado em pedras com letras, foi cercado de tanta glória que os israelitas não podiam fitar o rosto de Moisés, por causa do seu fulgor, ainda que passageiro, quanto mais glorioso não será o ministério do Espírito? Pois, se o ministério da condenação foi glorioso, muito mais glorioso há de ser o ministério da justificação. Em comparação com esta glória muito superior, já não aparece como glória o que naquela época tinha sido glorioso. Pois, se o que era passageiro foi marcado de glória, muito mais glorioso será o que permanece!

Tendo uma tal esperança, procedemos com toda a segurança, e não como Moisés, que cobria o rosto com um véu para que os israelitas não vissem o fim de um brilho passageiro. Mas o entendimento deles ficou embotado. Até o dia de hoje, quando fazem a leitura da antiga Aliança, esse mesmo véu continua descido, porque só em Cristo ele será removido. Até o dia de hoje, quando leem os escritos de Moisés, um véu cobre o coração deles. Mas, todas as vezes que o coração se converte ao Senhor, o véu é tirado. Pois o Senhor é Espírito, e onde está o Espírito do Senhor, aí está a liberdade. Todos nós, porém, com o rosto descoberto, refletimos a glória do Senhor e, segundo esta imagem, somos transformados, de glória em glória, pelo Espírito do Senhor" (2Cor 3,5b-18).

A fé não está no joelho que se dobra nem na cabeça que, reverente, se curva, mas na alma que crê, que se entrega totalmente a Deus e confia incondicionalmente no que Ele diz. A fé nos leva a crer no que não vemos para que possamos um dia ver o que cremos. Em outras palavras, quem crer verá.

Moisés seguiu por esse caminho e foi aí que descobriu uma qualidade essencial do seu Criador: Deus é invisível, mas real; embora mãos humanas não possam tocá-lo, é verdadeiro.

O Deus que falava por detrás das chamas na sarça ardente, na coluna de fogo e que fazia descer o véu da nuvem sempre que se manifestava no Horeb ou na Tenda da reunião é o Deus que não se deixa subjugar e que os olhos humanos não têm poder de enxergar.

Nenhuma imagem de barro, madeira, prata ou mesmo ouro jamais será minimamente capaz de representar o que quer que seja de sua majestade. Deus é o Senhor que a tudo ultrapassa, nada pode retê-lo, e mesmo o mais capaz e sensível dos homens não poderá jamais reduzi-lo a uma representação material, quer por palavras, quer por imagens, sejam fotos, pintura ou escultura. Só a fé permite que o ser humano entre em sua presença, contemple-o e acesse as realidades que nem o olho pode ver nem o ouvido ouvir. E, ainda assim, só o conseguirá ajudado pela graça de Deus que o inflama, ilumina e conduz.

Deus é invisível, transcendente, Santo, Santo, Santo, mas a fé nos permite saborear antecipadamente algo de sua presença, de sua alegria e de sua luz que só no céu poderíamos experimentar. É como se possuíssemos já agora as maravilhas que a nossa fé nos garante que haveremos de gozar um dia.

Que ao relembrar as maravilhas do passado cada um se anime ao saber que tem recebido graças ainda maiores. Se o antigo povo de Deus viu milagres, você também verá, maiores e mais estupendos do que os do tempo em que Israel saiu do Egito. Você pode não ter visto o faraó afogado no mar com seu exército, mas viu o demônio tragado pelas ondas com as suas armas. Nossos irmãos do Antigo Testamento atravessaram o Mar Vermelho; você atravessou para o Reino da Vida deixando a morte para trás. Eles foram libertados dos egípcios, e você, do poder dos demônios. Eles escaparam da escravidão em terra alheia, e você escapou da escravidão muito mais triste do pecado.

Quer ainda mais provas de que você foi honrado com favores maiores? Os israelitas não puderam contemplar o rosto resplandecente de Moisés, que era homem como eles e servo do mesmo Senhor, mas você viu a glória do rosto de Cristo: "Todos nós, com o rosto descoberto, refletimos a glória do Senhor" (2Cor 3,18).

Cristo os acompanhava por meio de um representante; agora ele nos acompanha de modo muito mais real. O Senhor ia com eles por causa da obediência de Moisés; agora nos acompanha não só por causa de Moisés, mas porque nós lhe obedecemos. O povo antigo, ao sair do Egito, desembocou no deserto; você, depois da morte, vai encontrar o céu. Em Moisés, eles tinham um guia e chefe excelente; nós temos como chefe e guia o próprio Deus.

Se Moisés era tido como humilde, infinitamente mais é Jesus, que diz: "Vinde a mim que sou manso e humilde de coração." Se Moisés, erguendo as mãos ao céu, fazia cair o maná, Jesus, ao levantar suas mãos benditas, nos dá a si mesmo na Eucaristia. Pela fé e a oração, Moisés fez jorrar torrentes de água no deserto, mas Jesus faz jorrar rios de água viva do seu coração aberto na cruz e nos convida para que de todos os lados nos acheguemos à fonte inesgotável da graça, pois quer que bebamos das águas da salvação.

Uma vez que nos é dada uma tal fonte, um manancial de vida tão abundante, uma vez que o Senhor nos concede toda sorte de bens e nos inunda com seus dons espirituais, aproximemo-nos com confiança e consciência pura para alcançarmos graça e misericórdia neste tempo tão oportuno.

Cantemos ao Senhor em oração este cântico espiritual:

Ao Senhor quero cantar, pois fez brilhar a sua glória: precipitou no mar Vermelho o cavalo e o cavaleiro. O Senhor é minha força, é a razão do meu cantar, pois foi ele, neste dia, para mim libertação! O Senhor é um Deus guerreiro, o seu nome é Senhor. O Senhor é minha força, é a razão do meu cantar, pois foi ele, neste dia, para mim libertação! (Ex 15,1-3).

Propósito: dar algo de comer para uma pessoa que passa fome.

Dia 15

AMA E FAZE O QUE QUERES

"Vede! Ele vem com as nuvens, e todo olho o verá – como aqueles que o traspassaram. Todas as tribos da terra baterão no peito por causa dele. Sim. Amém! 'Eu sou o Alfa e o Ômega', diz o Senhor Deus, 'aquele que é, que era e que vem, o Todo-Poderoso.' Eu, João, vosso irmão e companheiro na tribulação, e também no Reino e na constância em Jesus, encontrava-me na ilha de Patmos, por causa da Palavra de Deus e do testemunho de Jesus. No dia do Senhor, entrei em êxtase, no Espírito, e ouvi atrás de mim uma voz forte, como de trombeta, a qual dizia: 'O que vês, escreve-o num livro e envia-o às sete igrejas, a Éfeso, Esmirna, Pérgamo, Tiatira, Sardes, Filadélfia e Laodiceia.' Então voltei-me para ver a voz que me falava e, ao voltar-me, vi sete candelabros de ouro. No meio dos

CANDELABROS HAVIA ALGUÉM SEMELHANTE A UM FILHO DE HOMEM, COM UMA TÚNICA COMPRIDA E COM UMA FAIXA DE OURO EM VOLTA DO PEITO. SUA CABEÇA E SEUS CABELOS ERAM BRANCOS COMO LÃ ALVEJADA, IGUAL À NEVE, E SEUS OLHOS ERAM COMO CHAMA DE FOGO. SEUS PÉS PARECIAM DE BRONZE INCANDESCENTE NO CRISOL, E SUA VOZ ERA COMO O FRAGOR DE ÁGUAS TORRENCIAIS. NA MÃO DIREITA, TINHA SETE ESTRELAS, DE SUA BOCA SAÍA UMA ESPADA AFIADA, DE DOIS GUMES, E SEU ROSTO ERA COMO O SOL NO SEU BRILHO MAIS FORTE. AO VÊ-LO, CAÍ COMO MORTO A SEUS PÉS, MAS ELE PÔS SOBRE MIM SUA MÃO DIREITA E DISSE: 'NÃO TENHAS MEDO. EU SOU O PRIMEIRO E O ÚLTIMO, AQUELE QUE VIVE. ESTIVE MORTO, MAS AGORA ESTOU VIVO PARA TODO O SEMPRE. EU TENHO A CHAVE DA MORTE E DA MORADA DOS MORTOS'" (AP 1,7-18).

Deus nos criou a fim de nos amar. Construiu conosco a mais linda de todas as histórias de amor. Desde que nos fez, não cessou de nos servir, amparar e se doar a nós das mais diversas maneiras.

Suscitou homens de fé tornando-os capazes de receber a salvação; por meio deles, seguiu formando um povo a fim de ensinar os que viviam perdidos a voltarem ao seu amor salvador.

Ele ungiu os seus profetas e deu-lhes a sua graça para, por meio deles, acostumar o ser humano a ser habitado pelo Espírito Santo e a viver intimamente com o seu Senhor. Ele, que não precisava de nada, se colocava a serviço de todos os que dele precisavam. E, se encontrava alguém esmerado em lhe ser fiel, punha-se logo ao seu lado para cercá-lo de salvação como de uma muralha, enquanto, passo a passo, conduzia-o a uma vida nova.

Como o amor não se terceiriza, quis ser pessoalmente o guia de seu povo e caminhava com ele dia e noite. Aos que vagavam perdidos, deu-lhes um ensinamento perfeito capaz de fazê-los seguros, sadios e felizes. Concedeu aos que amava muito mais do que lhes prometera e antecipou-se às suas orações, porque não sabiam o que deviam pedir nem orar como convém.

Aos desertores arrependidos que, retrocedendo de seus erros, buscavam seus braços amorosos de Pai, nunca deixou de recebê-los com ternura nem de matar o novilho gordo ou dar-lhes de novo a melhor roupa e fazer festa. Com toda paciência, foi conduzindo os que amava para a salvação que lhes havia preparado.

Sua voz era como o fragor de águas torrenciais (Ap 1,15), escreveu João ao contemplar as incontáveis graças que, como cachoeiras, eram derramadas pelo Espírito de Deus. Graças com as quais o Cristo concedia largamente seus benefícios a todos os que se dispunham a obedecer a Ele, orientando cada um conforme a sua necessidade. Desse modo, governava com amor um povo carente de sabedoria, coragem e força.

Não era Deus que tinha necessidade dessas coisas, pois tudo lhe pertence e nada lhe falta. Mas, sendo Pai, agia desse modo a fim de mudar o coração de um povo sempre pronto a separar-se Dele e a se perder; educava-o, através de uma longa disciplina, para que aprendesse a obedecer e a permanecer em sua fidelidade. Por meio de coisas menos importantes, atraiu sua gente para as realidades essenciais. Foram muitas as etapas até torná-los capazes de passar das fantasias para a verdade, do que é passageiro para o que é eterno, das coisas da carne para as que são do espírito, das coisas do mundo para as coisas do alto: "Se ressuscitastes com Cristo, buscai as coisas do alto, onde Cristo está entronizado à direita de Deus; cuidai das coisas do alto, não do que é da Terra" (Cl 3,1-2).

Durante 40 dias, Deus educou Moisés para aprender a guardar suas palavras, seus sinais, as imagens espirituais e as figuras das coisas futuras. Por exemplo, a serpente de bronze na haste de madeira faz referência ao Salvador crucificado; a rocha no deserto da qual saiu a água para que bebessem e não morressem era figura do Cristo que daria uma água viva: "Bebiam de um rochedo espiritual que os acompanhava. Essa rocha era o Cristo. Essas coisas lhes aconteciam com sentido figurativo e foram escritas como advertência para nós, aos quais já chegou o fim dos tempos" (1Cor 10,4; 11). E assim por diante.

Por tal caminho aprenderam a amar a Deus e a não mais abandoná-lo, de modo que a lei era para eles, ao mesmo tempo, resposta para suas necessidades presentes e promessa das realidades futuras.

A lei foi nosso educador, que nos guiou até Cristo a fim de que fôssemos justificados pela fé. Ao chegar, porém, à fé, não estamos mais sujeitos ao antigo educador. Mas antes que chegasse a época da fé, nós éramos guardados, tutelados sob a lei para a fé que chegaria.

"Com alegria tirareis água nas fontes da salvação. E naquele dia direis: 'Louvai o Senhor, aclamai o seu nome!" "A água que eu darei se tornará uma fonte de água jorrando para a vida eterna" (Is 12,3-4; Jo 4,14).

Deus amado, em ti eu encontro a fonte de todo o perdão porque és misericordioso ao infinito; és o motivo da minha alegria e gratidão porque toda bondade que me vem emana do teu coração, e, porque me amas, tu me indicaste o jejum, a esmola, as obras de misericórdia e a oração como remédio contra o pecado.

Eu reconheço que sou fraco e pecador. Peço-te, em nome de Jesus: aceita o meu pedido de perdão para que, arrependido como estou e humilhado por ter diante dos olhos minhas incontáveis faltas, eu seja por ti consolado, e fortalecidos sejamos por tua misericórdia. Por nosso Senhor Jesus Cristo, vosso Filho, na unidade do Espírito Santo. Amém!

Propósito: em vez de falar algo negativo, falar algo positivo sobre algo ou alguém.

Dia 16

COMPAIXÃO

"Humilhai-vos, pois, sob a poderosa mão de Deus, para que, na hora oportuna, ele vos exalte. Lançai sobre ele toda a vossa preocupação, pois ele é quem cuida de vós. Sede sóbrios e vigilantes. O vosso adversário, o diabo, anda em derredor como um leão que ruge, procurando a quem devorar. Resisti-lhe, firmes na fé, certos de que iguais sofrimentos atingem também os vossos irmãos pelo mundo afora. Depois de terdes sofrido um pouco, o Deus de toda graça, que vos chamou para a sua eterna glória eterna, no Cristo Jesus, vos restabelecerá e vos tornará firmes, fortes e seguros. A ele pertence o poder, pelos séculos dos séculos. Amém!" (1Pd 5,6-11).

Precisamos ser humildes diante de Deus para que Ele não permita que sejamos tentados além das nossas forças. Quando somos humildes, as tribulações nos purificam de todas as nossas imperfeições e impurezas, mas se somos orgulhosos e autossuficientes, os sofrimentos da vida nos reduzem a cinzas.

Não existe atitude mais humilde do que recorrer a Deus na oração. Tanto é que Santo Afonso insiste que dela depende a nossa salvação: "Digo e repito e repetirei sempre, enquanto tiver vida, que toda a nossa salvação está na oração."

Que poderosa é esta oração na boca de uma pessoa que reconhece suas próprias limitações e suplica por ajuda: "Senhor, clamo a ti, corre em meu auxílio" (Sl 140,1). É um pedido que todos nós devemos fazer a Deus. Quando rezo essas palavras, é o próprio Jesus que reza em mim. Ele também orou desse modo, e orou em nosso nome, em nosso favor, porque, estando neste mundo, orou como um de nós.

Jesus orou ao Pai em meu nome e em meu lugar; orou por você, no seu lugar. Enquanto combatia por nós, gotas de sangue caíram de todo o seu corpo: "Jesus rezava com mais insistência. Seu suor tornou-se como gotas de sangue" (Lc 22,44). Esse derramamento de sangue foi porque ele enfrentou, na própria carne, e venceu os ataques, as maldades, as opressões e seduções que iriam destruir você. Era para todos nós os males que o fizeram sangrar.

Mas não pense que a luta acabou. Que insistam na oração apenas aqueles que querem vencer: "Escuta o meu grito, Senhor!" É um erro pensar que estamos dispensados de rezar só porque clamamos por socorro na hora do perigo e fomos atendidos. Você rezou? Ótimo! Mas tome cuidado porque ainda tem muita água para passar debaixo da ponte. Cuidado para que, tendo vencido uma batalha, não venha a perder a guerra! O combate da oração só deve cessar quando a tribulação termina. Se o problema acabou, cessa também a oração que fazíamos por ele. Contudo, se sabemos que tentações e sofrimentos nos esperam até o último dia de nossa vida aqui, precisamos continuar clamando: "Só os vivos podem louvar-te como estou eu fazendo agora. Senhor, vem salvar-me. Na Casa do Senhor tocaremos nossas harpas todos os dias da nossa vida!" (Is 38,19-20) e "Que minha oração suba à tua presença como incenso, a elevação de minhas mãos como sacrifício da tarde" (Sl 140,2).

Foi ao cair da tarde daquela santa sexta-feira que o Senhor, por livre vontade, fez a oferta de sua vida na cruz. E nós estávamos ali, com Ele; o que estava suspenso na cruz foi o que ele assumiu de nós: nossas verdades, males, fraquezas, pecados, doenças etc. Seria impossível que o Pai rejeitasse essa oferta ou fechasse os ouvidos a essa oração ou mesmo que abandonasse em algum momento seu Filho, sendo que ambos são um só Deus. Na cruz ficou cravado o nosso pecado, e foi crucificado tudo o que existe de corrompido, perverso e monstruoso em nós (Rm 6,6).

Todos os dias precisamos fazer soar as cordas da nossa oração e fazer subir o incenso do nosso louvor. E que seja do fim da tarde ao novo amanhecer como Jesus o fez. A oração da tarde foi a paixão do Senhor, a sua cruz, sua oferta como vítima salvadora, seu sacrifício agradável a Deus. Mas sua oração da tarde tornou-se também seu louvor da manhã no momento em que ressuscitou. A verdadeira oração não se interrompe. Quem tem o Espírito de Deus ora em tudo o que faz e ora sem cessar.

Bendita oração que brota de um coração fiel e sobe a Deus como o incenso. Como Deus se agrada dela e se apressa em atendê-la! Como Deus anseia que todos os seus filhos orem assim, crucificando com Cristo o que não nos deixa viver: "Sabemos que o nosso homem velho foi crucificado com Cristo para que seja destruído o corpo sujeito ao pecado, de maneira a não mais servirmos ao pecado" (Rm 6,6).

Os que aceitam o desafio proclamem por todo o dia de hoje:

Estou pregado com Cristo na cruz. Eu vivo, porém, já não eu, mas Cristo é que vive em mim. Vivo agora esta vida na fé no Filho de Deus, Jesus Cristo, que me amou e, por mim, se entregou. Eu vivo, porém, já não eu, mas Cristo é que vive em mim.

Pai amado, em nome de Jesus, guarda-me, guarda a minha família, protege os que o Senhor tanto ama com tua constante proteção! Senhor, sem o teu auxílio caímos de fraqueza, e sucumbimos a todas as tentações, por isso, vem livrar-nos constantemente do mal e conduzir-nos pelo teu caminho de salvação. Amém!

Propósito: oferecer o terço pela restauração e união das famílias.

Dia 17

O VERDADEIRO TEMOR DO SENHOR

"Se invocares a Sabedoria e clamares à prudência; se a procurares como ao dinheiro, e a esquadrinhares como a um tesouro, então compreenderás o temor do Senhor e alcançarás o conhecimento de Deus. Porque é o Senhor quem dá a Sabedoria, e de sua boca procedem conhecimento e prudência" (Pr 2,3-6).

Aqueles que buscam a felicidade deveriam se perguntar a respeito do temor de Deus. A razão disso é porque a antiga e verdadeira sabedoria o apresenta como um mapa para encontrá-la: "Feliz quem teme o Senhor e segue seus caminhos" (Sl 127,1). Quem é feliz? Quem teme o Senhor e o busca pelos caminhos da providência. É muito importante, porém, entender que temor é esse, tantas vezes citado na Palavra de Deus.

A Escritura nos mostra que esse é um dom que nunca vem sozinho, pois Deus junta a ele muitos outros que nos ajudam a buscá-lo e vivê-lo com profundidade: "Se invocares a Sabedoria e clamares à prudência; se a procurares como ao dinheiro, e a esquadrinhares como a um tesouro, então compreenderás o temor do Senhor e alcançarás o conhecimento de Deus. Porque é o Senhor quem dá a Sabedoria, e de sua boca procedem conhecimento e prudência" (Pr 2,3-6).

Ou seja, há um caminho a percorrer até chegar ao temor de Deus: 1. Suplicar a inteligência. 2. Pedir a prudência. 3. Procurá-la como ao dinheiro. 4. Persegui-la como se persegue um tesouro. Só assim poderemos compreender o temor do Senhor.

Em geral, as pessoas entendem o temor como algo negativo, como uma espécie de preocupação que temos por nos sentirmos fracos e incapazes de impedir que nos aconteça aquilo que não queremos. Por exemplo, o receio de ter que pagar pelo pecado que cometeu, o medo de ser prejudicado pela autoridade de alguém mais poderoso, a apreensão de sofrer violência de alguém mais forte, a preocupação de ser acometido por uma doença sem cura, o medo de topar com um animal feroz, a angústia causada pela ameaça de qualquer coisa ruim que lhe possa acontecer.

Contudo, esses medos não precisam ser ensinados porque são instintivos e já estão em nós. O que é perigoso naturalmente já nos apavora. Mas o temor de Deus não é assim, não trabalha dessa maneira e não pode se dar por suposto. Antes, precisa ser ensinado: "Vinde, filhos, escutai-me: eu vos vou ensinar a temer o Senhor" (Sl 33,12). Se deve ser ensinado, é mister que seja aprendido. O temor do Senhor não nasce de um receio humano, porque é divino e sobrenatural. Nasce, sim, da obediência a Deus, daquilo que se faz com retidão e do encontro com a verdade. Quem tem o temor do Senhor é porque o ama e jamais terá medo Dele, uma vez que o amor derrota o medo e o expulsa. Digo ainda que não é o medo do castigo, e sim o nosso amor a Deus que nos leva a seguir os seus conselhos, a cumprir os seus mandamentos e a confiar em suas promessas. Não seria essa a condição para ser feliz? "E agora, Israel, que é que o Senhor teu Deus te pede, senão que o temas, seguindo-o por todos os seus caminhos? E que ames e sirvas ao Senhor teu Deus, com todo o teu coração e com toda a tua alma, e que guardes os mandamentos e preceitos do Senhor, que hoje te prescrevo para teu bem" (Dt 10,12-13).

Ora, os caminhos do Senhor são aqueles que nos levam para Ele. Qualquer que seja a estrada só é boa se nos coloca no Caminho. E o único Caminho que nos leva para Deus é Jesus, como Ele mesmo fala: "Ninguém vai ao Pai senão por mim" (Jo 14,6). Por isso, examine os caminhos! Nesses tempos difíceis, preste muita atenção para, no meio de tantos ensinamentos, encontrar o único caminho certo, o único que nos conduz à vida eterna. Para os que querem caminhar seguros, digo-lhes que há caminhos nos mandamentos do Senhor, caminhos nos profetas, caminhos nos Evangelhos e nos apóstolos, caminhos nos bons exemplos deixados por gente santa. Você será feliz se andar por eles impelido pelo temor do Senhor. Os que temem o Senhor buscam aquilo que lhe agrada; os que amam o Senhor encontram a felicidade por meio do que Ele lhes ensina. Seu amor de geração em geração envolve aqueles que o temem (Eclo 2,19; Lc 1,50).

Peçamos com confiança:

Pai querido, diante de ti, invoco o santo nome de Jesus, e suplico que o Senhor receba este dia com todas as suas oportunidades e compromissos, responsabilidades e trabalhos, e assim clamo tua bênção e proteção sobre mim e também sobre todos pelos quais devo rezar. Senhor, preciso da força do teu Espírito Santo, envia-o sobre mim para que Ele me ensine todas as coisas, de acordo com o que o Senhor quer.

Concede-me, Senhor, com teu Espírito, toda a sabedoria, discernimento e alegria, e que, dessa forma, eu tenha força, o meu trabalho prospere, e que todos os que participam daquilo que eu faço possam usufruir dessa prosperidade e sentir a força da tua presença.

Glórias e louvores a ti, Senhor, por todas as graças que tenho recebido de ti, porque me amas e tens cuidado de mim. Muito obrigado, Senhor, por todas as bênçãos e graças que ainda hei de receber. Eu te louvo, em nome de Jesus, meu Salvador!

Propósito: oferecer a sagrada comunhão por todos os que vivem no meio da guerra.

Dia 18

ESCOLHA A VIDA, NÃO A MORTE

"Se o ímpio se arrepender de todos os pecados cometidos, guardar todas as minhas leis e fizer o que é direito e justo, viverá com certeza e não morrerá. Não obstante, a casa de Israel diz: 'A conduta do Senhor não é correta! É a minha conduta que não é correta, casa de Israel, ou antes é a vossa que não é correta? Por isso, vou julgar cada um de vós, casa de Israel, segundo a sua conduta – oráculo do Senhor Deus. Arrependei-vos, convertei-vos de todos os vossos crimes para que já não haja para vós ocasião de cair em pecado. Libertai-vos de todos os crimes cometidos contra mim. Formai-vos um coração novo e um espírito novo. Por que deverias morrer, casa de Israel? Pois eu não sinto prazer na morte de ninguém que morre – oráculo do Senhor Deus. Convertei-vos e vivereis!" (Ez 18,21.29-32).

"Quando um malvado renuncia ao mal para praticar a justiça e a equidade, ele faz reviver a sua alma", diz o Senhor. Trata-se de libertar-se para ter um coração novo. Libertar-se até das coisas boas mas que o apego transforma em ocasião de pecado, como aconteceu com o fariseu que não encontrou graça diante de Deus: "ó Deus, eu não sou como os demais homens: ladrões, injustos e adúlteros; nem como o publicano que está ali. Jejuo duas vezes na semana e pago o dízimo de todos os meus lucros" (Lc 18,11-12).

Estava tão apegado às coisas que fazia que se comportava como se Deus lhe devesse obrigação, julgava-se melhor que os outros, e isso foi a sua ruína, pois saiu da presença de Deus pior do que entrou. Essa libertação a que a Escritura nos manda é desprezar toda falsa riqueza, toda falsa segurança. É abandonar tudo o que nos afasta de Deus, inclusive o medo de errar e o desejo doentio pela aprovação humana. E, então, como uma criança, colocar toda a sua segurança no Pai.

Abandonar o pecado é antes de tudo entregar nas mãos do Senhor as rédeas da própria vida. É bater o martelo: "Quero Deus e pronto! O que quer que Deus me peça, eu digo sim!"

Porém, a velha criatura que existe em cada um de nós, corrompida e maliciosa, não vai querer isso. Nessa hora, o egoísmo grita e chora: "O que está fazendo? Você não pode sacrificar isso. Tudo, menos a minha liberdade!" Aqui o demônio costuma atuar da seguinte maneira: convencer a pessoa que essa é uma escolha que pode ficar para depois. Ele sussurra em seus pensamentos: "Hoje não! Deixa pra amanhã!" Deveríamos fazer calar sua voz com um grande brado: "Não, Satanás! Já descobri sua manobra e não cairei nesta armadilha!"

Santo Agostinho viveu essa tentação, e o que o ajudou foi o testemunho dos que haviam vencido antes dele. Dizia para si mesmo: "Se eles conseguiram, por que eu não haveria de conseguir?" Mesmo quem já deu o passo de aceitar Jesus como o Senhor de sua vida, mesmo quem já abandonou os pecados mais grosseiros, deveria dar então esse segundo passo, que é um mergulho mais profundo na vontade de Deus.

O primeiro passo é experimentar que a salvação é dom gratuito de Deus, não pode ser comprada nem merecida, antes precisa ser aceita como graça, pois é de graça da parte de Deus. O segundo passo é, tendo recebido a graça, agir com bondade; trata-se, portanto, de agir. Agora é a hora da conversão que nos leva da fé às boas obras. Aqui agimos não para que sejamos salvos, mas porque não podemos cruzar os braços depois de tudo o que Deus fez por nós. Recusar-se a agir é decair da graça, é decair da vida nova e voltar à vida velha.

Há pessoas que se acomodaram ao saber que somos salvos gratuitamente e não deram o passo que as faria vencer. Deixaram-se dominar pela má vontade, pela moleza espiritual, um tipo de preguiça que mantém a pessoa presa ao desânimo. Não entenderam que a conversão é combate, é mortificação, é renúncia a si mesmo, é vigiar os sentimentos, é dominar os impulsos, é esforço e luta.

Não são essas coisas que nos livram da morte espiritual, mas precisamos delas para escapar das ocasiões de cair em pecado. E assim, com a graça de Deus e esforço nosso, um coração novo vai se formando dentro de nós. Insisto: graça e esforço.

Compadecido, o Senhor nos pergunta: "Por que carregar um peso morto no peito, uma pedra, um coração sem vida? Volte para mim e você vencerá o mal, vencerá a morte. Volte para que você tenha de novo a alegria de viver."

Nenhum prazer ou encantamento nesse mundo se compara à alegria de ser perdoado e ter a segurança em Deus.

Por isso, digamos ao Senhor:

"Ó Deus, tem piedade de mim, conforme a tua misericórdia; no teu grande amor cancela o meu pecado. Lava-me de toda a minha culpa, e purifica-me de meu pecado.

Reconheço a minha iniquidade e meu pecado está sempre diante de mim. Contra ti, só contra ti eu pequei, eu fiz o que é mal a teus olhos; por isso és justo quando falas, reto no teu julgamento. Eis que na culpa fui gerado, no pecado minha mãe me concebeu. Mas tu queres a sinceridade do coração e no íntimo me ensinas a sabedoria. Purifica-me com o hissopo, e ficarei puro; lava-me, e ficarei mais branco que a neve. Faze-me ouvir alegria e júbilo, exultem os ossos que tu quebraste. Afasta o olhar dos meus pecados, cancela todas as minhas culpas. Cria em mim, ó Deus, um coração puro, renova em mim um espírito resoluto. Não me rejeites da tua presença e não me prives do teu santo espírito. Devolve-me a alegria de ser salvo, que me sustente um ânimo generoso.

Quero ensinar teus caminhos aos que erram e a ti voltarão os pecadores. Livra-me do sangue, ó Deus, Deus meu salvador, e minha língua celebrará tua justiça.

Senhor, abre meus lábios, e minha boca proclame o teu louvor. Pois não te agrada o sacrifício e, se ofereço holocaustos, não os aceitas. Sacrifício para Deus é um espírito contrito; não desprezas, ó Deus, um coração contrito e humilhado" (Sl 50,3-19).

Propósito: fazer jejum de algo que você goste muito de comer.

Dia 19

A AMIZADE ESPIRITUAL

"Como meu Pai me ama, assim também eu vos amo. Permanecei no meu amor. Se observardes os meus mandamentos, permanecereis no meu amor, assim como eu observei o que mandou meu Pai e permaneço no seu amor. Eu vos disse isso para que a minha alegria esteja em vós, e a vossa alegria seja completa.
Este é o meu mandamento: amai-vos uns aos outros, assim como eu vos amei. Ninguém tem amor maior do que aquele que dá a vida por seus amigos. Vós sois meus amigos, se fizerdes o que eu vos mando. Já não vos chamo servos, porque o servo não sabe o que faz o seu Senhor. Eu vos chamo amigos, pois vos dei a conhecer tudo o que ouvi de meu Pai. Não fostes vós que me escolhestes; fui eu que vos escolhi e vos designei para dardes fruto e para que o vosso fruto permaneça. Assim, tudo o que pedirdes ao Pai, em meu nome, ele vos dará" (Jo 15,9-16).

Deus cura a solidão de duas formas: uma delas é fazendo-nos encontrar um amigo decente. A outra, infinitamente superior à primeira, é fazendo-se Ele mesmo nosso mais fiel e poderoso companheiro. Como um pai cheio de amor jamais abandona seu filho, assim o Pai do Céu está ao lado dos que contam com Ele.

Deus é nosso amigo não pelo que fazemos, e sim pelo que Ele é: nosso Pai. O seu amor não muda com nossas inconstâncias. Nossos altos e baixos, fracassos e vitórias, nossos problemas, fraquezas e até mesmo nossos pecados são agora uma oportunidade para sermos amparados por seu amor sempre fiel.

Não importam os erros, dificuldades e inconstâncias. Deus sempre nos amará. Aliás, aquele que mais se sente discriminado e sozinho por causa de seus pecados é quem mais pode experimentar o consolo, a ternura e a presença do Senhor, porque é o mais necessitado de cuidados e amizade.

Quando um homem ou uma mulher rezam, quando se colocam na presença de Deus por meio da oração, o Espírito Santo começa imediatamente a agir neles para curá-los e salvá-los. Rezar é abrir os machucados diante de Deus e falar dos sofrimentos que latejam escondidos. Só de desabafar, o coração já se torna mais maleável e melhora. E ali, unida ao seu Senhor, a pessoa consegue lutar e derrotar os pensamentos que torturavam sua alma e a tornavam doente de dor e solidão. A amizade com Deus é um remédio que cura e enche de vida.

Talvez, por isso, Deus tenha dito a Moisés: "Mas tu ficas aqui comigo" (Dt 5,31). Moisés havia recebido o encargo de conduzir um povo que reclamava de tudo, vivia insatisfeito e frequentemente se voltava contra ele, até mesmo querendo matá-lo. Mas Deus, que o amava e queria vê-lo bem, desejava dar-lhe forças para superar a incompreensão e o abandono de sua gente. Por isso, disse-lhe: Fica aqui perto de mim. Só quem ama, como diz o poeta, "quer ficar perto, se longe; e mais perto, se perto".

Amigos não se contentam em ser unidos. Eles querem estar perto para contar um com o outro. Sabem que a amizade se nutre de presença. Porque era seu amigo, Deus queria que Moisés não se sentisse só e que recuperasse suas forças ao contar com Ele.

Não foi só o tempo investido em oração, mas sobretudo a conduta de Moisés que o tornou tão especial para Deus. Ele se mostrava como era. Rasgava o coração: se estava triste, chorava; alegre, se entusiasmava; não tinha receio de revelar seus medos e desgostos nem de transparecer sua confiança incondicional naquele que o guiava. Isso mostra que uma oração, para ser eficaz, não depende de longas horas nem de muitas palavras, e sim de uma grande confiança e intimidade com o Senhor.

Aqui está o segredo pelo qual a amizade se torna capaz de curar: a confiança que nasce com a intimidade. Ela permite que um amigo exponha ao outro as próprias feridas para que ele derrame sobre elas o bálsamo do seu amor. Na presença de Deus, o homem não só expõe os males que o afligem e isolam, mas recebe cura e encontra a vida.

A amizade com Deus é a mais profunda e eficaz das terapias. Ela tem o poder de nos curar mesmo que não nos sintamos em condições de dizer que perturbações são essas que nos sufocam. Ela nos protege de desanimar e nos arranca debaixo da tristeza ao nos conceder alívio.

A intimidade com Deus é uma proteção contra as forças de morte que combatem o ser humano para torná-lo deprimido. Ao colocar-se na presença Dele e deixar-se inspirar por Ele na oração e na leitura da Sagrada Escritura, o homem enche o coração com as inspirações e os sentimentos que vêm de Deus sem deixar espaço para as influências malignas dos pensamentos negativos que o mantinham doente de tristeza e solidão.

Quando você se ocupa de Deus, aquilo que o prejudicava já não consegue achar espaço em sua alma. Ao apegar-se com seu Senhor, você desfaz-se do que é nocivo e ganha gosto por tudo o que é saudável. Suavemente vai se realizando no coração uma mudança que faz de você uma pessoa emocionalmente sadia. Em tudo isso, age o Espírito Santo.

"Meu Deus, em ti me refugio: que eu não fique decepcionado! Não triunfem sobre mim meus inimigos! Não fiquem desiludidos os que em ti esperam; fique confuso quem é infiel por um nada. Mostra-me, Senhor, os teus caminhos, ensina-me tuas veredas. Faz-me caminhar na tua verdade e instrui-me, porque és o Deus que me salva, e em ti sempre esperei.

Lembra-te, Senhor, do teu amor, e da tua fidelidade desde sempre. Não recordes os pecados da minha juventude, e as minhas transgressões; lembra-te de mim na tua misericórdia, pela tua bondade, Senhor.

Bom e reto é o Senhor, por isso indica aos pecadores o caminho certo; guia os humildes na sua justiça, aos pobres ensina seus caminhos. Todas as veredas do Senhor são amor e verdade para quem observa sua aliança e seus preceitos.

Por teu nome, Senhor, perdoa meu pecado, por maior que seja. Qual é o homem que teme ao Senhor? Indica-lhe o caminho a seguir. Ele viverá feliz, sua descendência possuirá a Terra.

O Senhor se faz íntimo de quem o teme, dá-lhe a conhecer sua aliança. Tenho os olhos fixos no Senhor, pois ele livra do laço o meu pé. Volta-te para mim e tem misericórdia, porque sou só e infeliz.

Alivia as angústias do meu coração, livra-me das aflições. Vê minha miséria e minha pena e perdoa todos os meus pecados. Olha os meus inimigos: são tantos! E me detestam com ódio violento.

Protege-me, dá-me a salvação; sob tua proteção eu não fique desiludido. Integridade e retidão me protejam, pois em ti confiei. Ó Deus, livra Israel de toda a sua aflição" (Sl 24,2-21).

Propósito: assistir a um filme cristão sobre a Paixão de Jesus Cristo.

Dia 20

A ALIANÇA DO SENHOR

"O Senhor teu Deus circuncidará teu coração e o coração de teus descendentes para amares ao Senhor teu Deus de todo o coração e com toda a alma para que assim possas viver. O Senhor teu Deus lançará todas estas maldições sobre teus inimigos, sobre aqueles que te odeiam e perseguem. E tu voltarás a obedecer à voz do Senhor, observando todos os seus mandamentos que hoje te prescrevo. O Senhor te fará prosperar em todo o trabalho de tuas mãos, no fruto do teu ventre, no fruto do teu gado e no fruto do teu solo, com generosidade. Porque o Senhor voltará a comprazer-se em ti e cumular-te de bens, como o fazia com teus pais, contanto que obedeças à voz do Senhor teu Deus, observes todos os seus mandamentos e preceitos, que estão escritos nesta Lei, e te convertas para o Senhor teu Deus com todo o teu coração e com toda a tua alma.

Com efeito, este mandamento que hoje te prescrevo não é difícil para ti nem está fora do teu alcance. Não está no céu para que digas: 'Quem poderá subir ao céu por nós para apanhá-lo? Quem no-lo fará ouvir para que o possamos cumprir?' Não está do outro lado do mar para que digas: 'Quem atravessará o mar por nós para apanhá-lo? Quem no-lo fará ouvir para que o possamos cumprir?' Ao contrário, esta palavra está bem ao teu alcance, está em tua boca e em teu coração para que a possas cumprir.

Vê que eu hoje te proponho a vida e a felicidade, a morte e a desgraça. Se obedeceres aos preceitos do Senhor teu Deus, que hoje te prescrevo, amando ao Senhor teu Deus, seguindo seus caminhos e guardando seus mandamentos, suas leis e seus decretos, viverás e te multiplicarás, e o Senhor teu Deus te abençoará na terra em que vais entrar para possuí-la. Se, porém, o teu coração se desviar e não quiseres escutar, se te deixares arrastar para adorar e prestar culto a outros deuses, eu vos declaro hoje que certamente perecereis. Não vivereis muito tempo sobre a terra onde ides entrar, depois de atravessar o rio Jordão para ocupá-la.

Cito hoje o céu e a terra como testemunhas contra vós, de que vos propus a vida e a morte, a bênção e a maldição. Escolhe, pois, a vida para que vivas, tu e teus descendentes, amando ao Senhor teu Deus, obedecendo à sua voz e apegando-te unido a ele – pois ele é tua vida e prolonga os teus dias –, a fim de que habites na terra que o Senhor jurou dar a teus pais, Abraão, Isaac e Jacó" (Dt 30,6-20).

A regra é para quem não sabe se comportar.

Há momentos em que, estando à frente de pessoas, você terá de apontar os erros de alguém, citar comportamentos inaceitáveis e desmascarar mentalidades perversas e destrutivas. Essa tarefa nunca é fácil, mas é necessária. Moisés, certo dia, disse ao povo: "O Senhor nosso Deus fez conosco uma aliança em Horeb. Não foi com os nossos pais que o Senhor concluiu essa aliança, mas conosco, que estamos aqui todos vivos hoje" (Dt 5,2-3). Deus não havia dado a lei antes para os seus antepassados porque "a lei não é feita para o justo, mas para os indisciplinados e rebeldes, para os irreligiosos e pecadores, para os ímpios e mundanos, para os que matam pai ou mãe e para os demais assassinos" (1Tm 1,9).

Até então, aqueles que o Senhor havia chamado viveram de modo justo; tinham seus mandamentos gravados em seus corações porque amavam a Deus e se recusavam a cometer injustiça contra os seus irmãos. Não precisavam de algo escrito para lembrá-los do que já estava impresso em suas almas.

Mas, quando essa retidão e esse amor para com o Senhor começaram a ser esquecidos até quase desaparecer por completo, tornou-se indispensável que Deus interviesse diretamente para salvar o seu povo. Com seu poder arrancou-o das mãos de seus opressores que o desviavam, a fim de que seus escolhidos voltassem a ouvi-lo e a seguir seus ensinamentos. Aos que se rebelaram, o Senhor os castigou para que seu mau exemplo não fosse imitado por outros, levando-os à perdição.

O próprio Deus quis saciá-los pessoal e milagrosamente com um alimento que antes de tudo era espiritual: "te alimentou com o maná que nem tu nem teus pais conheciam para te mostrar que não só de pão vive o ser humano, mas de tudo o que procede da boca do Senhor" (Dt 8,3).

Conduziu-os novamente por seus caminhos, amando-os e ensinando-os para que voltassem a amá-lo, educando-os para serem justos uns com os outros, a fim de não serem escravos do mal e indignos de sua graça. Com seus ensinamentos e suas ordens, Deus os capacitava para serem seus amigos e viverem em paz entre si. Em tudo isso, era a eles que o Senhor beneficiava.

Deus fazia todas essas coisas porque os amava e não porque precisasse deles. E para que a felicidade deles fosse perfeita, deu-lhes o maior de todos os dons: deu-se a si mesmo. Deu-lhes o que lhes faltava: sua amizade. Sabia que precisavam de seu amor, precisavam de sua salvação, a qual de modo algum poderiam conseguir a não ser obedecendo a Deus: "vos propus a vida e a morte, a bênção e a maldição. Escolhe, pois, a vida para que vivas, tu e teus descendentes, amando ao Senhor teu Deus, obedecendo à sua voz e apegando-te unido a ele – pois ele é tua vida e prolonga os teus dias" (Dt 30,19-20).

Os mandamentos de Deus continuam a ser o único caminho para a vida. Quem os recusa se desgraça e mergulha na infelicidade. Por isso, o Senhor Jesus os manteve, explicou-os e aprofundou-os, porque quer que tenhamos a sua vida, e vida em abundância. Ali Deus nos manda que ajamos como seus filhos, criados à sua imagem e semelhança, como convém a pessoas livres. Ninguém está dispensado de os obedecer.

Jesus confirmou os mandamentos e generosamente os completou e aperfeiçoou para que por meio deles pudéssemos, como filhos adotivos, experimentar o amor de Deus, amá-lo apaixonadamente e permanecer em Cristo, único caminho que leva ao céu.

Moisés, amigo de Deus, jejuou 40 dias e 40 noites para poder receber de maneira adequada a lei de Deus. Moisés foi ao Senhor subindo o monte do Sinai; ali passou 40 dias e também

40 noites para poder receber a lei de Deus. Peçamos a Deus a graça de purificar nossos corações nestes dias de oração para que habite em nós a Palavra de Deus para que a recebamos em nossa mente e também no coração.

"Se tua lei não fosse meu prazer, já há muito teria perecido na minha miséria. Jamais esquecerei teus preceitos: pois por eles me deste a vida. Eu te pertenço: salva-me, porque procuro teus preceitos. Os ímpios me esperam para arruinar-me, eu compreendo teus testemunhos. Eu vi limites em tudo o que é perfeito, mas teu mandamento não tem confins. Quanto amo a tua lei; passo o dia todo a meditá-la. Teu preceito me faz mais sábio que meus inimigos, porque sempre me acompanha. Sou mais sábio que todos os meus mestres, porque medito teus testemunhos. Entendo mais que os anciãos, porque observo teus preceitos. Preservei meus pés de todo mau caminho para guardar tua palavra. Não me afasto de tuas normas, porque és tu que me instruis. Como são doces ao meu paladar tuas promessas: mais que o mel para minha boca. Dos teus preceitos recebo inteligência, por isso odeio todo caminho falso. Lâmpada para meus passos é tua palavra e luz no meu caminho. Jurei, e o confirmo, guardar tuas justas normas. Meu sofrimento passa dos limites, Senhor, dá-me vida segundo tua palavra. Senhor, aceita as ofertas dos meus lábios, ensina-me tuas normas." (Sl 118,92-108).

Propósito: preparar a sua confissão e se programar para confessar amanhã.

DIA 21

A PLENITUDE DO AMOR (POR SANTO AGOSTINHO)

Do Tratado sobre o Evangelho de São João, de Santo Agostinho, bispo (Tract. 84,1-2:CCL36, 536-538)(Século 5º)

O Senhor definiu a plenitude do amor com que devemos amar-nos uns aos outros, quando disse: "Ninguém tem amor maior do que aquele que dá sua vida pelos amigos" (Jo 15,13). Daqui se conclui o que o mesmo evangelista João diz em sua epístola: "Jesus deu a sua vida por nós. Portanto, também nós devemos dar a vida pelos irmãos" (1Jo 3,16), amando-nos verdadeiramente uns aos outros, como ele nos amou até dar a sua vida por nós. É certamente a mesma coisa que se lê nos provérbios de Salomão: "Quando te sentares à mesa de um poderoso, olha com atenção o que te é oferecido; e estende a tua mão, sabendo que também deves preparar coisas semelhantes" (Pr 23,1-2).

Ora, a mesa do poderoso é a mesa em que se recebe o corpo e o sangue daquele que deu a vida por nós. Sentar-se à mesa significa aproximar-se com humildade. Olhar com atenção o que é oferecido é tomar consciência da grandeza dessa graça. E estender a mão sabendo que também se deve preparar coisa semelhante significa o que já disse antes: assim como Cristo deu a sua vida por nós, também devemos dar a nossa vida pelos irmãos. É o que diz o apóstolo Pedro: Cristo sofreu por nós, deixando-nos um exemplo, a fim de que sigamos os seus passos (1Pd 2,21). Isso significa preparar coisa semelhante. Foi o que fizeram, com ardente amor, os santos mártires. Se não quisermos celebrar inutilmente as suas memórias e nos sentarmos sem proveito à mesa do Senhor, no banquete onde eles se saciaram, é preciso que, como eles, preparemos coisa semelhante.

Por isso, quando nos aproximamos da mesa do Senhor, não recordamos os mártires do mesmo modo como aos outros que dormem o sono da paz, ou seja, não rezamos por eles, mas antes pedimos para que rezem por nós, a fim de seguirmos os seus passos. Eles já alcançaram a plenitude daquele amor acima do qual não pode haver outro maior, conforme disse o Senhor. Apresentaram a seus irmãos o mesmo que por sua vez receberam da mesa do Senhor.

Não queremos dizer com isso que possamos nos igualar a Cristo Senhor, mesmo que, por sua causa, soframos o martírio até o derramamento de sangue. Ele teve o poder de dar a sua vida e depois retomá-la; nós, ao contrário, não vivemos quanto queremos, e morremos mesmo contra a nossa vontade. Ele, morrendo, matou em si a morte; nós, por sua morte, somos libertados da morte. A sua carne não sofreu a corrupção; a nossa, só depois de passar pela corrupção, será por ele revestida de incorruptibilidade, no fim do mundo. Ele não precisou de nós para nos salvar; entretanto, sem ele não podemos fazer nada. Ele se apresentou a nós como a videira para os ramos; nós não podemos ter a vida se nos separarmos dele.

Finalmente, ainda que os irmãos morram pelos irmãos, nenhum mártir derramou o seu sangue pela remissão dos pecados de seus irmãos, como ele fez por nós. Isso, porém, não para que o imitássemos, mas como um motivo para agradecermos. Portanto, na medida em que os mártires derramaram seu sangue pelos irmãos, prepararam o mesmo que tinham recebido da mesa do Senhor. Amemo-nos também a nós uns aos outros, como Cristo nos amou e se entregou por nós.

"Salva-me, ó Deus, pois a água sobe até o meu pescoço. Estou atolado no lodo profundo, onde não posso ficar de pé; caí nas águas profundas, e as ondas me arrastam. Cansei-me de gritar, minha voz ficou rouca, meus olhos se consomem à espera de meu Deus. Os que me odeiam sem motivo são mais numerosos que os meus cabelos; são poderosos os que querem me arruinar, perseguindo-me sem razão; o que não tirei, tenho que restituir? Deus, tu conheces minha loucura, meus pecados não te estão ocultos. Não fiquem confusos por minha causa os que esperam em ti, Senhor, Senhor dos exércitos; não se envergonhem de mim os que te buscam, Deus de Israel, pois por tua causa padeci insultos, a ignomínia cobriu-me o rosto. Tornei-me um estranho para meus irmãos, um estrangeiro para os filhos de minha mãe. Pois o zelo por tua casa me devorou, os insultos dos que te insultam caíram sobre mim. Se me mortifico com o jejum, eles zombam de mim. Se me visto com traje de luto, sou alvo de sarcasmo. Falam de mim os que se sentam junto à porta, e os que bebem vinho fazem canções sobre mim. Minha prece sobe a ti, Senhor, no tempo favorável. Atende-me conforme tua grande piedade, segundo tua clemência que salva. Vede, humildes, e alegrai-vos! Vós que buscais a Deus, vosso coração reviva! Pois o Senhor atende os pobres, não despreza os seus cativos" (Sl 68,2-14.33-34).

Propósito: confessar-se com um sacerdote.

Dia 22

O MAIS IMPORTANTE

"Deus não nos destinou para a ira, mas para alcançarmos a salvação por Nosso Senhor Jesus Cristo. Ele morreu por nós para que, acordados ou dormindo, vivamos unidos a ele. Por isso, confortai-vos e edificai-vos uns aos outros, como aliás já fazeis" (1Ts 5,9-11).

Se você se une a Deus, o resto vem por acréscimo, é consequência. E, se não veio, é porque não era bom e não ia fazer bem para você. Ao permanecer unido a Jesus, você se torna uma pessoa frutuosa, tendo sempre o que oferecer mesmo quando aparentemente não tem nada para dar. Coisas como amor, alegria, paz, paciência, bondade e autodomínio manifestam-se em você e tornam-se algo que você tem e também pode dar.

Quantas vezes, tendo mil razões pra desistir, perseverando numa causa somente por fidelidade a Deus, de repente, na última hora as circunstâncias sofrem uma reviravolta, mudam, e o problema que parecia sem solução se resolve diante dos nossos olhos! Para quem fica firme em Deus tudo acabará bem, e até o dia da sua morte será uma bênção: "Para quem teme o Senhor tudo acabará bem, e será abençoado no dia de sua morte" (Eclo 1,13).

Quando amo uma pessoa, não quero que ela viva sem lutar. Antes, quero vê-la batalhar com coragem e beleza. Quero que, ao fim, tudo acabe bem – que ela vença. E, um dia, se despeça deste mundo cercada de amor, respeito e reconhecimento. Que parta para o céu como uma pessoa abençoada em meio às lágrimas de saudades dos seus entes queridos!

Então podemos perder tudo, menos o mais importante. Não esqueça o mais importante: estar com Deus. Unido a Deus. O resto é resto.

Conta a lenda que, certo dia, uma mulher pobre, com um bebezinho nos braços, escutou uma voz misteriosa ao passar diante de uma caverna. A voz vinha lá de dentro, bem ao fundo, e dizia: "Venha e pegue tudo o que quiser, mas não se esqueça do mais importante. Preste atenção: quando você sair, a porta se fechará para sempre. Aproveite o quanto quiser, mas não se esqueça do mais importante".

Ao adentrar na caverna, a mulher encontrou muitos tesouros. Tomada de euforia, ajeitou a criança num cantinho e juntou tudo o que podia. Faltavam quatro minutos quando a voz voltou a alertá-la a respeito das regras. Esgotado o tempo, ela saiu, e a porta se fechou para nunca mais abrir. Foi quando percebeu que havia esquecido a criança lá dentro, trancada de uma vez por todas.

A riqueza logo acabou, mas seu desespero nunca teve fim.

Assim somos nós. Temos uns 80 anos, os mais vigorosos talvez 100 para viver neste mundo; e existe uma voz que nos avisa de vez em quando: "O tempo está passando. Não se esqueça do mais importante."

O mais importante, o principal, é estar com Deus – unido a Deus –, em seguida com a família, os amigos, a vida... Mas a ambição, a gana pelas riquezas materiais nos absorvem tanto que o mais importante vai ficando sempre de lado. É desse modo que esgotamos nosso tempo aqui e largamos, num lugar abandonado do coração, o que nos é mais essencial: os tesouros da alma, a vida eterna, a salvação, as pessoas que Deus nos deu para cuidarmos com amor.

Quando a porta dessa vida se fechar para nós, de nada adiantará chorar, gritar e ranger os dentes. De nada nos servirão as riquezas, os cargos, os títulos. Só se leva dessa vida o amor que a gente dá, e a vida só é boa na medida em que a gente ama.

Lembre-se de que você vai passar por esta vida somente uma vez. Por essa razão, todo o bem que puder fazer, todo gesto de carinho que possa ter com quem cruzar o seu caminho, procure fazê-lo agora. Não deixe para depois. Não deixe de fazê-lo.

Porque oportunidades são como rios que não voltam depois de terem ido. O dia de hoje não voltará nunca mais.

Pensar nisso aguça em nós esse desejo de fazer com que a vida valha a pena. Deus sabe que a necessidade que temos de ser valorizados é tão grande que, se não enxergamos um sentido para viver, logo nos sentimos tristes, desanimados, perdidos e até adoecemos. Justamente por isso Ele quer que tenhamos clareza do nosso destino, Ele quer nos fazer descobrir nossa missão e o objetivo de nossa vida.

Uma pessoa começa a ficar intimamente doente e a se enfraquecer quando passa a acreditar que pode fazer o que é mau em busca de ser feliz. Ela começa a se perder e a se estragar quando passa a acreditar que pode combinar pecado com felicidade, ou seja, quando acredita nas propostas fáceis que este mundo apresenta. A pessoa se perde quando Deus já não é importante na vida dela e não ocupa um lugar em seu coração.

A sua felicidade hoje e o seu futuro dependem do lugar que você dá a Jesus em sua vida, o único capaz de curar seu coração ferido. Ele vem nos tirar da perdição quando nos reconhecemos perdidos. E não nos condena, ainda que sejamos culpados pelas coisas ruins que estão nos acontecendo.

Deus não vem para punir, e nada do que você está passando é castigo enviado por Ele. Ao contrário, Ele vai nos buscar nos piores lugares em que nos metemos pela nossa própria culpa e nem mesmo pergunta por que nos desgarramos. Sabe que não temos a resposta para nossos desvios nem para nossas feridas. O que podemos oferecer são desculpas, mas as respostas nós não as temos:

"Ah! Eu sou assim pelos problemas que tive na infância", "Eu estou assim porque fiz a bobagem de cometer um erro e me deixei seduzir", "Com medo de ser rejeitado, eu cedi ao que a outra pessoa queria".

Porém, todas as desculpas do mundo não curam um coração machucado. Por isso, Jesus não pergunta por que razão você pecou nem por que desceu ao fundo poço. Hoje a pergunta que Ele lhe faz é: "Por que não me deixa ajudar você? Curar seu coração sofrido e cansado?"

Deus não nos destinou para a ira, para a perdição. Então qual é o nosso destino? É a salvação. Ele quer que a salvação se torne uma experiência constante, diária e em todas as circunstâncias que nos envolvem. Para que isso aconteça também conosco, Ele nos diz como – acordados ou dormindo, na vida ou na morte, em toda e qualquer circunstância – você e eu precisamos estar unidos a Jesus.

Estar unido a Jesus significa resistir até o fim, até não aguentar mais.

Há uma promessa e uma garantia para quem fizer isso: "Quem perseverar, quem resistir, quem aguentar firme até o fim vai vencer. Será salvo" (Mt 24,13).

Nós não temos a obrigação de resolver todos os problemas ou de ter todas as respostas. O que Deus nos pede é para permanecer com Jesus custe o que custar.

Podemos perder "tudo". "Tudo" pode acontecer. Mas para esse "tudo" sempre há uma solução. Tudo tem conserto quando permanecemos com Jesus até o fim. A única coisa que não pode acontecer é a gente se separar dele.

Senhor Jesus, eu te amo de todo o meu coração e confio totalmente que o Senhor me ama. Senhor, sei que me escolheste, mas venho agora dizer-te que também eu escolho a ti. Eu te convido a entrar no meu coração e ser o Senhor da minha vida.

Senhor, retira toda dureza que ainda está no meu coração e que me impede de acolher o teu amor. Rejeito toda raiz de pecado ainda presente no meu coração e que atrapalha teus planos para minha vida.

Purifica-me, Senhor!

Renuncio, de uma vez por todas, a qualquer espírito de pessimismo, fracasso, abatimento, desconfiança e desânimo porque quero em mim somente o que vem de ti, quero que a alegria do teu Espírito Santo inunde o meu ser inteiramente.

Que o mal saia e ceda o lugar a Cristo! Mais uma vez lhe digo: vem, Senhor Jesus, e habita o meu coração; ele é teu. Eu te reconheço e proclamo meu dono, meu libertador, o Salvador da minha vida. Vem, Jesus, vem habitar em mim, Senhor, toma conta do que é teu.

Pai amado, como sou grato a ti! Não tenho palavras para expressar minha gratidão por, no teu amor infinito, ter me dado o teu Filho Jesus – o Senhor Jesus.

Louvores e glórias a ti eternamente!

Propósito: tirar 15 minutos para fazer uma leitura espiritual de um livro.

Dia 23

QUEM VOS PEDIU ESSAS COISAS?

"'Que me importa a abundância de vossos sacrifícios?', diz o Senhor. 'Estou farto de holocaustos e carneiros e da gordura de animais cevados. Do sangue de touros, de cordeiros, de bodes não me agrado. Quem vos pediu essas coisas?'" (Is 1,11).

Deus nos deu a oração para que seja de nossa parte o novo sacrifício espiritual agradável a Deus: "Está chegando a hora, diz o Senhor, em que os verdadeiros adoradores adorarão o Pai em espírito e em verdade. Deus é espírito e são estes adoradores que Ele procura" (Jo 4,23-24).

Nós cumprimos essa palavra, adorando e agradando a Deus, quando oferecemos a Ele o sacrifício espiritual da oração. Se levantarmos diante Dele uma oração sincera, verdadeira, revestida de amor, acompanhada de todo o nosso empenho para fazer o bem, com louvores e agradecimentos, essa oração nos alcançará tudo o que pedirmos.

Há testemunhos poderosos que nos garantem que a oração é tremendamente eficaz. Aqueles que vieram antes de nós, pela oração, foram libertos e protegidos do fogo, de animais ferozes, da fome e de muitas catástrofes. E tudo isso aconteceu antes que ela recebesse de Jesus toda a sua força, então imagine agora o poder que tem a oração feita em nome de Jesus.

Mesmo que nesta ou naquela circunstância a oração não faça cair a chuva sobre um incêndio ou sobre um campo seco, ou não detenha um animal selvagem, ou não faça aparecer sobrenaturalmente a comida na mesa de uma família faminta, mesmo que ela não detenha por um milagre o sofrimento de alguém, ela sempre vem socorrer os que suportam a dor com paciência, ela aumenta o poder da graça naqueles que sofrem sem desanimar. E aproveita para lhes mostrar com os olhos da fé a enorme recompensa do Senhor que os espera.

Se no passado houve situações em que a oração fazia vir pragas, derrotava exércitos, impedia de cair a chuva necessária, agora, porém, a oração autêntica afasta a ira de Deus, intercede em favor dos inimigos e pede a Deus pelos perseguidores. Não seria de admirar que a oração faça cair água do céu se ela já fez que dele descesse fogo.

Só a oração consegue de Deus tudo o que quer. Somente a oração confiante, no poder do Espírito, é capaz de antecipar o socorro de Deus. Por isso, Jesus não quis que ela servisse para fazer mal algum; ao contrário, quis que toda a sua eficácia servisse apenas para fazer o bem, e somente o bem.

Por essa razão, ela não tem outro destino a não ser tirar do caminho da morte as almas dos falecidos, fortalecer os fracos, curar os enfermos, libertar os possessos, abrir as portas das prisões e desamarrar a vida das pessoas. Ela perdoa os pecados, afasta as tentações, faz parar as perseguições, fortalece e levanta os desanimados e abatidos, enche de alegria as pessoas boas, protege os que precisam pegar a estrada e os leva seguros até o seu destino.

A oração acalma as tempestades, detém os ladrões, dá alimento aos pobres, ensina os ricos, levanta os que caíram, sustenta os que vacilam e firma os que estão de pé para que não caiam.

É orando que enfrentamos toda e qualquer aflição e honramos a Deus.

Vem orar em mim, ó Espírito de Deus.

Vem, luz verdadeira. Vem, eterna vida. Vem, mistério escondido.

Vem, tesouro sem nome. Vem, realidade inefável. Vem, tu que escapas à humana compreensão.

Vem, alegria sem fim. Vem, luz sem penumbra. Vem, esperança de todos os salvos.

Vem, ressurreição dos mortos.

Vem, para estar a sós com quem está só. Vem, meu alento e minha vida.

Vem, consolação da minha alma.

Vem, minha glória, minha alegria sem fim. Túnica refulgente que queima os demônios, purificação que com puras e santas lágrimas me lava.

Fica, ó Soberano, não me deixes só: para que, quando meus inimigos chegarem, eles, que sempre procuraram devorar a minha alma, ao te encontrarem a viver em mim, logo se ponham em fuga e nada possam contra mim, por verem que tu, o mais forte de todos, estás instalado na casa da minha pobre alma. Amém!

Propósito: doar um calçado que não utiliza mais.

Dia 24

BUSQUEMOS O BEM VERDADEIRO

"Todos de ti esperam que a seu tempo lhes dês o alimento. Tu lhes forneces, e eles o recolhem, abres a tua mão e saciam-se de bens. Se escondes teu rosto, desfalecem; se a respiração lhes tiras, morrem e voltam ao pó. Mandas teu espírito, são criados, e assim renovas a face da Terra. A glória do Senhor seja para sempre, alegre-se o Senhor com suas obras. Ele olha a terra e fá-la saltar, toca os montes e fumegam. Quero cantar ao Senhor enquanto eu existir" (Sl 103,27-33).

Se o seu coração estiver unido a Deus, dificilmente Ele vai negar a você qualquer coisa boa que você lhe peça. Ele é bom, principalmente com aqueles que Nele confiam e esperam coisas boas de suas mãos. Este é sim o segredo: unir-se ao Senhor, perseverar com toda a alma, de todo o coração e com todas as forças para viver sempre batizado no Espírito Santo. Somente assim teremos olhos para ver suas vitórias em cada situação que nos envolve. Só assim viveremos tomados de uma alegria sobrenatural que será em tudo a nossa força.

Por essa e muitas outras razões, derrame sua alma no Senhor, lance sobre Ele todas as suas preocupações, agarre-se a Ele mais que à sua própria vida. Pois Ele é o tesouro maior, a fonte viva e salutar que lhe concede muito além de tudo quanto possa pensar ou imaginar.

Aos que precisam de paz, digo-lhes que a verdadeira tranquilidade só Ele pode oferecer, só Nele você encontra a paz que ultrapassa toda a nossa compreensão e sentimento.

Bendito seja esse Deus maravilhoso que a tudo penetra com a sua graça! Por causa dele estamos vivos; para vivos permanecermos, é dele que dependemos. A morte nada pode contra sua força. Nada está acima Dele. Tamanha é a sua bondade que, a todos que o acolhem, ele transborda com seus dons: "abres a tua mão e saciam-se de bens" (Sl 103,28).

É pelas mãos abertas de Deus que alcançamos o remédio para todas as nossas necessidades. Para curar nossa fraqueza e estancar nossas feridas, quis a divina providência que morrêssemos com Cristo para que também recebêssemos de sua vida. Assim, já não é a nossa própria vida que vivemos, mas a vida de Cristo.

Cristo vive em nós: vida de inocência, vida de castidade, vida de amor, vida de sinceridade e de todas as virtudes. Temos, portanto, o poder de sua ressurreição agindo em nós, desfazendo os laços da maldade, estabelecendo salvação e irradiando vida. Não desperdicemos pela ignorância um tesouro assim tão magnífico: cada um viva a partir Dele, una-se a Ele, manifeste os carismas e o poder que Dele recebeu, seja com Ele o pé que esmaga a cabeça da serpente, antes mesmo que ela consiga lhe ferir o calcanhar.

O Senhor nos deu o seu Espírito também para que possamos escapar da astúcia diabólica e de uma existência rasteira. Escapemos, então, para o alto! Amparados por sua graça, podemos estar espiritualmente onde o inimigo não pode mais nos alcançar. O Senhor é a porta pela qual você pode fugir para um lugar seguro embora permaneça com o corpo onde está. Você pode ficar aqui e estar ao mesmo tempo junto do Senhor, desde que seu coração esteja unido a Ele, desde que os seus pensamentos estejam Nele, desde que você ande pelos seus caminhos, guiado pela fé e não pelas aparências, desde que você faça Dele a sua fortaleza, seu refúgio e sua força: "em ti me refugio, Senhor, que eu não seja confundido para sempre" (Sl 70,1).

Já que Deus é o nosso refúgio, e Deus está nos céus e no mais alto dos céus, é preciso subir com Ele para onde impera a paz, para onde descansaremos de nossos trabalhos e aflições, e será uma grande festa: "Pois aquele que entrou no repouso de Deus repousou de suas obras, como Deus repousou das suas" (Hb 4,10). "Disso se alegra meu coração, exulta a minha alma; também meu corpo repousa seguro" (Sl 15,9). Descansar em Deus e desfrutar de suas delícias... que alegria e que felicidade!

Corra nosso coração ao encontro de seus rios de água viva. Aproximemo-nos da fonte com toda sede para que Ele nos sacie. Que fonte seria essa? "Pois em ti está a fonte da vida" (Sl 35,10). Porque a fonte é o próprio Deus.

Amarás o Senhor, o teu Deus, de todo o teu coração, de todo o teu entendimento e com todas as forças da alma. É este o maior mandamento.

Que pede de ti o teu Deus? Que respeites a Deus, teu Senhor, ele pede que o ames e o sirvas, de todo o teu coração e com todas as forças da alma. Não há mandamento maior.

Senhor, tem compaixão de nós! Misericórdia! Piedade!

Senhor nosso Pai, Deus nosso, Senhor Todo-Poderoso, exaltado acima de tudo e de todos desde sempre e para sempre, tudo pertence a ti e sob tua autoridade tudo está. O que existe é obra de tuas mãos que podes, Senhor, transformar conforme quiseres. Podes suscitar e fortalecer o que é bom. Podes fazer minguar e reduzir a nada o que é mau. Tu que livraste das mãos do opressor Israel feito escravo, tu que te colocaste como muralha intransponível entre o inimigo e teu povo escolhido, tu que o salvaste da morte pela fome e pela sede em meio ao mais inclemente deserto, tu que salvaste com teu sagrado socorro os que se desviaram e foram atacados pelas serpentes funestas; ouve o nosso clamor pois não há ninguém como tu, Senhor nosso Deus!

Tu és, Senhor, nosso amparo, és o nosso remédio salvador, és o Pai bondoso que toma nos braços o filho despedaçado pelo mal e pela dor a fim de curá-lo, tu és o alívio de nossas almas, és o socorro seguro dos que se voltam para ti e clamam por teu auxílio na aflição. E por seres, ó Deus, quem és, recorremos confiantes a ti e clamamos: Senhor, faze fracassar, lança para longe de nós e faze com que desapareça em debandada toda ação do mal que se lançou sobre nós para nos oprimir!

Livra-nos de todo egoísmo, da maldade que surge em nosso coração e nos faz fechar os olhos para os que padecem; livra-nos de ser escravos da inveja e desejar o fracasso alheio. Senhor, extirpa todo o mal que brota dentro de nós e nos entrega nas garras da tentação.

Em nome de Cristo, faze fugir toda influência, permanência e conspiração do mal! Expulsa e anula toda sugestão da tentação bem como todo e qualquer malefício lançado por meio de palavras e obras vindos de pessoas sob influência do inimigo! Impede e destrói todo e qualquer um desses males que foram dirigidos contra mim, contra essa família, contra essa casa, contra essa empresa, contra os que nos rodeiam ou ainda contra nossas atividades, propriedades e bens.

Pedimos, em nome de Cristo Jesus, dá-nos a tua bênção, Senhor! Faz surgir um grande bem no lugar das desgraças e danos que nos desejaram. Em vez dos males que dirigiram contra nós, concede-nos paz, força, êxito em todos os nossos empreendimentos, concede-nos bens suficientes para prover nossas necessidades e repartirmos com os demais necessitados, dá-nos viver com tranquilidade e amor junto daqueles que o Senhor nos confiou.

Sim, Senhor! Sabemos que tu nos amas. Guarda-nos debaixo de tua poderosa proteção, toma-nos em tuas mãos, defende-nos com teus braços. Vem, Senhor, em nosso auxílio! Socorre-nos depressa! Envia teu Santo Espírito, nosso eterno defensor, guardião invencível de nossa integridade! Envia-o para que nos mantenha a salvo de toda hostilidade física e espiritual. Espírito Santo, nosso bom amigo, que ilumina e aquece os filhos de Deus, mas que devora até a extinção os poderes infernais, aparta de nós, expulsa e queima todo agouro, má intenção, maldições, pragas e qualquer malefício lançado sobre nós por pessoas que estão cheias de maldade ou querem o nosso mal. Coloca-te, Senhor, como um muro de fogo a nos separar de toda inveja e maldade.

E nesta confiança, proclamamos: o Senhor é o nosso libertador, Deus poderoso, nosso Salvador! "O anjo do Senhor se acampa em volta dos que o temem e os salva" (Sl 33,8). "Os justos clamam e o Senhor os ouve, salva-os de todos os perigos" (Sl 33,18). O Senhor "livrou-me de inimigos muito fortes e dos que me odiavam porque eram mais poderosos do que eu. Assaltaram-me no dia da minha desgraça, mas o Senhor foi meu apoio. Conduziu-me a um lugar seguro, salvou-me porque me ama" (Sl 17,18-21).

Em tuas mãos nos entregamos, Senhor, e com absoluta confiança em tua bondade pedimos: misericórdia de nós que somos teus filhos! Salva-nos! Guarda-nos protegidos de todos os males, desgraças, prejuízos, opressões oriundas de práticas espirituais maléficas! Coloca-nos a salvo, bem longe do alcance do maligno e seus sequazes.

Ó Virgem Maria, gloriosa e bendita, intercede por nós! Esconde-nos em teu coração imaculado para que nossos inimigos não nos enxerguem, não nos encontrem e não consigam nos fazer mal!

Santos anjos de Deus, defendei-nos! Amém!

Propósito: rezar o terço pelo pároco de sua paróquia ou responsável de sua comunidade.

Dia 25

CESSAI DE FAZER O MAL E APRENDEI A FAZER O BEM

"Lavai-vos, limpai-vos. Tirai da minha vista as injustiças que praticais. Parai de fazer o mal, aprendei a fazer o bem, buscai o que é correto, defendei o direito do oprimido, fazei justiça para o órfão, defendei a causa da viúva. Depois, vinde, podemos discutir – diz o Senhor. Se vossos pecados forem vermelhos como escarlate, ficarão brancos como a neve, se vermelhos como a púrpura, ficarão iguais à lã! Se quiserdes obedecer, continuareis comendo as coisas boas do país" (Is 1,16-19).

Toda vida desregrada é um castigo para si mesma. Pecamos porque, em vez de procurar em Deus a nossa felicidade, as nossas delícias, os nossos sucessos e o sentido da nossa vida, procuramos isso em coisas e pessoas: em nós mesmos e nos outros. É esse o grande erro que nos faz afundar na dor, no desespero e no fracasso.

Toda vez que queremos resolver um problema, a primeira coisa de que necessitamos é entender, de verdade, o que o está causando, qual é a sua raiz. Quando não sabemos o que está gerando o mal ou o que está produzindo enfermidade, jamais conseguiremos tomar as medidas adequadas, e o sofrimento continuará.

Quando uma pessoa está com dores na coluna, nós a levamos ao ortopedista para que faça um raio X e nos diga o que está acontecendo. Se alguém de nossa família sofre perturbações em sua mente, vive triste e angustiado, pedimos a um psiquiatra que faça um diagnóstico. Mas quando o que emperra é a vida porque nossa alma está doente e o espírito abatido, a quem devemos recorrer? Se, nessa hora, o ser humano não sabe o que fazer, então, deveria perguntar a quem sabe: Deus.

Ele nos diz, em sua Palavra: "Parai de fazer o mal. Aprendei a fazer o bem. E, experimentareis o que há de melhor". Deus não responde com charadas ou enigmas. No que diz respeito à nossa salvação, Ele responde com a solução: o que impede que em nosso mundo e, particularmente, em nossa vida experimentemos que o Senhor nos ama e que se manifestem todos os benefícios desse amor, o que impede que se realize seu plano de felicidade, amor e paz, chama-se pecado. O pecado é o motivo de toda a tristeza e a causa de todos os males que afligem cada um de nós.

Deus nos mergulha num oceano de bondade e misericórdia, mas nós estamos como que metidos dentro de um submarino de vidro ou dentro de uma bolha transparente que nos permite ver o mar à nossa volta sem que sejamos tocados por uma gota sequer desse oceano de amor.

Desde que o ser humano confiou na sugestão do tentador, que mentiu e o convenceu de que conseguiria alcançar sua felicidade sem Deus e de que poderia se realizar sem contar com a graça de Deus, começou então a experimentar todo tipo de desordem, cujas consequências conhecemos muito bem: o pecado nos separou de Deus; semeou o ódio e a divisão em pessoas da mesma família; plantou hostilidade entre marido e mulher; encheu de inveja, ressentimentos, ódios e rancores a convivência entre irmãos; enfraqueceu os relacionamentos de amizade etc. Foi uma avalanche de brigas, injustiças, gana por riquezas e muitos males que se espalharam por todo o mundo. Mas nada foi pior para o homem do que deixar de sentir o amor de Deus e não conseguir mais amar seu Criador e Pai como antes.

Porém, agora, com Jesus Cristo, Deus nos deu o poder para barrar esse mal em nossa vida. Está nas minhas e nas suas mãos as chaves para mudar essa história. Ele diz como: "Parai com o mal. Começai com o bem. E tereis a minha bênção."

Aos que, como eu, foram feridos pelo pecado, deixo um conselho de São Francisco de Sales: "Se eu caísse numa grande falta, não censuraria meu coração com frases como estas: Miserável! Abominável! Morre de vergonha! Não ouses levantar os olhos para o céu, traidor, imprudente, desleal! Não, eu não lhe falaria assim, mas procuraria corrigi-lo racionalmente: ora, meu pobre coração... vamos! Caímos? Pois bem, levantemo-nos, deixemos esta miséria, vamos reclamar infinita misericórdia de Deus. Ela nos há de assistir daqui em diante para que sejamos mais fortes... E assim... empregaria todos os meios de não pecar."

"Feliz aquele cuja culpa foi cancelada e cujo pecado foi perdoado. Feliz o homem a quem o Senhor não atribui nenhum delito e em cujo espírito não há falsidade. Enquanto eu me calava, meus ossos se consumiam, eu gemia o dia inteiro. Pois dia e noite sobre mim pesava a tua mão, como pelo calor do verão ia secando o meu vigor. Revelei-te o meu pecado, o meu erro não escondi. Eu disse: 'Confessarei ao Senhor as minhas culpas', e tu perdoaste a malícia do meu pecado. Por isso a ti suplica todo fiel no tempo da angústia. Quando irrompem grandes águas, não o poderão atingir. Tu és meu refúgio, me preservas do perigo, me envolves no júbilo da salvação. 'Eu te farei sábio, eu te indicarei o caminho a seguir; com os olhos sobre ti, te darei conselho. Não sejas como o cavalo ou o jumento sem inteligência; se avanças para dominá-los com freio e rédea, de ti não se aproximam.' Serão muitas as dores do ímpio, mas a graça envolve quem confia no Senhor. Alegrai-vos no Senhor e exultai, ó justos, jubilai, vós todos, retos de coração" (Sl 31).

Propósito: evitar o celular e substituir esse tempo oferecendo sua ajuda para alguém.

Dia 26

ORAÇÃO, JEJUM E ESMOLA

"Se é bom conservar escondido o segredo do rei, é coisa louvável revelar e publicar as obras de Deus. Boa coisa é a oração acompanhada de jejum, e a esmola é preferível aos tesouros de ouro escondidos, porque a esmola livra da morte: ela apaga os pecados e faz encontrar a misericórdia e a vida eterna; aqueles, porém, que praticam a injustiça e o pecado são os seus próprios inimigos" (Tb 12,7-10).

Dependemos da oração para mudar a nossa vida, para vencermos as tentações, para experimentarmos o amor de Deus e para conseguirmos ser pessoas melhores. Sem ela, desistimos facilmente e se torna impossível alcançar a salvação.

Coisa boa, porém, é quando a oração segue acompanhada do jejum e das obras de misericórdia. Já nos primeiros séculos, os cristãos sabiam disso. São Pedro Crisólogo dizia: aquilo que a oração pede o jejum alcança, e a misericórdia recebe.

Três coisas mantêm firme a nossa fé, nos seguram junto de Deus e não nos deixam desistir do que é certo. São elas a oração, o jejum e a misericórdia, que formam uma só e se fortalecem uma à outra.

O jejum é a alma da oração, e a misericórdia dá vida ao jejum. Não se pode separar essas três sem estragá-las. Quem recorre somente a uma delas ou separa umas das outras é como se não tivesse feito nada. Só desperdiçou tempo e energia.

Sendo assim, quem reza também jejue; e quem jejua ajude o seu irmão. Quem deseja ser atendido nas suas orações atenda aos rogos de quem lhe pede socorro. Aquele que não ignora o pedido dos outros chama a atenção de Deus para suas próprias necessidades.

Lembre-se de que a finalidade do jejum é despertar a compaixão por aqueles que sofrem. Seja misericordioso quem espera alcançar misericórdia; quem pede compaixão também tenha compaixão; quem quer ser ajudado ajude.

Desagrada a Deus e erra na oração quem se recusa a dar ao próximo o mesmo que deseja receber do Senhor. É bem provável que não seja atendido.

Estabeleça, então, a medida, fazendo ao outro o que deseja receber e alcançará misericórdia como quiser, quanto quiser e com a rapidez que quiser; basta que se compadeça dos outros com generosidade e prontidão. A partir daí, nada lhe será muito difícil.

Aprenda a unir oração, jejum e misericórdia, e isso será, para você, uma proteção segura em todos os momentos de perigo; também será poder de oração.

É hora de buscar, pelo jejum, os tesouros que perdemos por não saber lhe dar valor. Entreguemos por meio dele o coração, pois é o que de melhor podemos oferecer ao Senhor: sacrifício agradável a Deus é um espírito penitente; Deus não despreza um coração arrependido e humilhado (Sl 50,19). Temos aqui a oportunidade de oferecer a Deus a nossa alma. Então ofereça! Façamos isso acompanhado com o jejum para que seja uma entrega sincera e santa. Quem não se dá a Deus não tem desculpa, porque está em nossas mãos nos entregar. Basta querer.

O Senhor, contudo, só a aceita se estiver acompanhada de um coração misericordioso. O jejum só dá frutos se for regado pela misericórdia, pois a falta dela o seca e destrói. O jejum precisa da misericórdia como a terra precisa da chuva.

Por mais que você cultive sua vida espiritual, trate seu corpo com pureza, vença os vícios e tenha muitas boas qualidades. Seu jejum não vai servir para nada se você não tiver amor para com as pessoas e ajudá-las. Seja bondoso, tenha compaixão, abra o coração e também a mão para ajudar. Faça isso, e você verá sua vida se enriquecer verdadeiramente em todas as áreas. Deus mesmo o encherá com toda sorte de bens.

O egoísmo só nos leva a perder. Então, para que nenhum de nós venhamos a desperdiçar o que guardou só para si, reparta, distribua aos outros, como o fazendeiro que semeia para colher multiplicado em tempo oportuno.

Há uma lei espiritual que poderia ser resumida assim: "Dê a você mesmo, dando aos que precisam, aos pobres, porque o que você deixar de dar aos outros com você também não vai ficar." A gente perde o que a gente não dá. Eis o segredo de nos darmos aos outros, o segredo de doar a própria vida.

Boa coisa é a oração com o jejum, e melhor é a esmola com justiça do que a riqueza misturada com pecado. Quem dá esmola terá longa vida. É a esmola que livra da morte e a nós de todo pecado liberta.

Pai amado, em nome de Jesus, não permitas que fiquemos sem a tua graça, que ela não nos abandone, mas que nos encha de amor e coragem para fazer a vontade do Senhor. Socorre nossa fraqueza! Senhor, dá-nos a efusão do teu Santo Espírito, com todos os teus carismas!

Propósito: dedicar alguns minutos para ler ou ouvir uma meditação da liturgia diária.

Dia 27

MOSTRA-ME DEUS

"Moisés disse: 'Mostra-me a tua glória!' E o Senhor respondeu: 'Farei passar diante de ti toda a minha bondade e proclamarei meu nome, 'Senhor', na tua presença. A quem mostro meu favor, eu o mostro; a quem demonstro misericórdia, eu a demonstro.' E acrescentou: 'Não poderás ver minha face, porque ninguém me pode ver e permanecer vivo.' O Senhor disse: 'Aí está o lugar perto de mim! Tu ficarás sobre a rocha. Quando a minha glória passar, eu te porei na fenda da rocha e te cobrirei com a mão enquanto passo. Quando retirar a mão, tu me verás pelas costas. Minha face, porém, não se pode ver."

"O Senhor desceu na nuvem e permaneceu com Moisés,

E ELE INVOCOU O NOME DO SENHOR. E O SENHOR PASSAVA DIANTE DELE. E ELE EXCLAMOU: 'O SENHOR, O SENHOR, DEUS MISERICORDIOSO E CLEMENTE, PACIENTE, RICO EM BONDADE E FIEL, QUE CONSERVA A MISERICÓRDIA POR MIL GERAÇÕES E PERDOA CULPAS, REBELDIAS E PECADOS, MAS NÃO DEIXA NADA IMPUNE, CASTIGANDO A CULPA DOS PAIS NOS FILHOS E NETOS, ATÉ A TERCEIRA E QUARTA GERAÇÃO.' IMEDIATAMENTE MOISÉS CURVOU-SE ATÉ O CHÃO E PROSTROU-SE EM ADORAÇÃO. DEPOIS DISSE: 'SENHOR, SE É VERDADE QUE GOZO DO TEU FAVOR, ENTÃO CAMINHE MEU SENHOR NO MEIO DE NÓS, POIS ESSE É UM POVO DE CABEÇA DURA. PERDOA NOSSAS CULPAS E NOSSOS PECADOS E ACOLHE-NOS COMO PROPRIEDADE TUA'" (Ex 33,18-23; 34,5-9).

A alguém que me diga: "Se Deus existe, então me mostra", eu terei que responder: "Primeiro, você precisa me mostrar que tipo de pessoa você é, e daí eu lhe mostrarei o meu Deus."

Somente quando conhecemos o outro é que compreendemos como ele enxerga a vida, como veem os olhos de sua mente e como ouvem os ouvidos de seu coração.

Com os olhos do corpo a gente enxerga o que se passa nessa vida terrena. Podemos separar o dia da noite, o claro e o escuro, podemos distinguir as cores, perceber se algo é bonito ou feio, separar o que é defeituoso daquilo que está bom, julgar se algo está sobrando ou faltando. Com os ouvidos se dá algo semelhante: distinguimos os sons graves dos agudos, os harmoniosos, os dissonantes etc. Assim também acontece com os ouvidos do coração e com os olhos da alma quando se trata de ver a Deus.

Na verdade, Deus se mostra para quem é capaz de vê-lo, isto é, para quem mantém os olhos do seu íntimo abertos. Todos temos olhos, mas alguns estão com eles doentes, ou tapados, ou bloqueados e não conseguem ver nem mesmo a luz do sol. Mas quando um cego não vê, isso não significa que o sol parou de brilhar. Significa, sim, que os seus olhos estão doentes, que ele não é capaz de ver e que o problema está nele, não no sol.

É o que se dá com muitos de nós: estamos com os olhos da nossa alma doentes ou impedidos pelos nossos pecados e pelas coisas más que fazemos. O ciúme cega. A raiva cega. A inveja, a ganância, a impureza, as mágoas cegam para o que realmente vale a pena enxergar. Daí, a pessoa só vê dor e perdas. Também o medo cega, ou melhor, limita a visão para que a pessoa só enxergue morte, quando deveríamos ter o coração límpido como um espelho reluzente.

Se um espelho está embaçado, você não consegue se enxergar nele. Quando a alma está embaçada pelo pecado, você não consegue enxergar Deus agindo na sua vida. Ele age, mas você não vê.

A boa notícia é que, se você quiser, pode ficar curado. Coloque-se nas mãos do médico, e Ele vai curar os olhos de sua alma, de seu coração. Quem é esse médico? É Deus que dá vida e saúde por meio de Jesus e do Espírito Santo, da sua Palavra e do seu amor. Não há limites para o que Ele pode e sabe fazer. Quem criou sabe consertar o que criou. Confie!

Se você compreender isso, se a sua vida for boa, pura, justa e santa, você com certeza poderá ver a Deus, poderá ver o agir de Deus nela. No mais íntimo de sua alma, confie no

Senhor, dê prioridade para a fé e para o temor de Deus e você compreenderá o que hoje ainda não consegue entender.

Inclusive, foi para isso que Deus nos fez: quanto mais nós formos nos libertando da nossa condição mortal e nos revestindo da imortalidade, mais seremos dignos de ver a Deus.

Deus vai ressuscitar o nosso corpo e torná-lo imortal assim como a nossa alma já o é. E, uma vez feito imortal, você poderá ver tudo o que é imortal; se, agora, você acreditar Nele.

Eis o tempo de conversão, eis o dia da salvação: recomendemo-nos em tudo quais ministros do Senhor: na muita paciência, na opressão e privação. Pelas armas da justiça, no poder do Senhor Deus (2Cor 6,2.4-5.7).

Senhor Deus, louvado seja teu Nome Santo, pois o Senhor é cheio de amor e bondade! Dá-nos, Pai querido, a graça de um profundo arrependimento e verdadeira conversão, e que, guiados por tua Palavra, possamos aprender a vencer a nós mesmos e a mortificar nossos pecados para obedecermos ao Senhor com fervoroso ardor, sempre unidos em oração.

Propósito: rezar por uma pessoa que lhe fez algum mal na vida.

Dia 28

O MISTÉRIO DA NOSSA VIDA NOVA

"Portanto, firmai as mãos enfraquecidas e os joelhos vacilantes; torna retas as trilhas para os vossos pés, para que não se destronque o que é manco, mas antes seja curado. Procurai a paz com todos e a santidade, sem a qual ninguém verá o Senhor. Cuidai para que ninguém fique privado da graça de Deus, que nenhuma raiz venenosa cresça no meio de vós, tumultuando e contaminando a muitos. Não haja ninguém dado à prostituição, nenhum profanador como Esaú, que por um prato de comida vendeu seus direitos de filho primogênito; sabeis como, depois, querendo herdar a bênção, foi rejeitado, pois, embora a implorasse com lágrimas, não encontrou oportunidade de reparação. De fato, não vos aproximastes de um fogo palpável e

ARDENTE, DE NEGRUME, TREVA E TEMPESTADE, DA TROMBETA RETUMBANTE E DO CLAMOR DAS PALAVRAS QUE OS OUVINTES SUPLICARAM NÃO CONTINUASSE. POIS NÃO AGUENTAVAM O QUE ERA ORDENADO: 'ATÉ UM ANIMAL QUE TOQUE NA MONTANHA SERÁ APEDREJADO.' O ESPETÁCULO ERA TÃO MEDONHO QUE MOISÉS DISSE: 'ESTOU APAVORADO E A TREMER.' VÓS, AO CONTRÁRIO, VOS APROXIMASTES DO MONTE SIÃO E DA CIDADE DO DEUS VIVO, A JERUSALÉM CELESTE; DA REUNIÃO FESTIVA DE MILHÕES DE ANJOS; DA ASSEMBLEIA DOS PRIMOGÊNITOS, CUJOS NOMES ESTÃO ESCRITOS NOS CÉUS. VÓS VOS APROXIMASTES DE DEUS, O JUIZ DE TODOS; DOS ESPÍRITOS DOS JUSTOS, QUE CHEGARAM À PERFEIÇÃO; DE JESUS, O MEDIADOR DA NOVA ALIANÇA, E DA ASPERSÃO COM UM SANGUE MAIS ELOQUENTE QUE O DE ABEL. CUIDADO! NÃO DEIXEIS DE ESCUTAR AQUELE QUE VOS FALA. OS QUE RECUSARAM ESCUTAR AQUELE QUE OS ADVERTIA NA TERRA NÃO ESCAPARAM DO CASTIGO. MENOS AINDA ESCAPAREMOS NÓS DO CASTIGO, SE VOLTARMOS AS COSTAS A QUEM NOS FALA DO ALTO DO CÉU. AQUELE, CUJA VOZ ENTÃO ABALOU A TERRA, AGORA DIZ: 'AINDA UMA VEZ ABALAREI NÃO SOMENTE A TERRA, MAS TAMBÉM O CÉU.' A EXPRESSÃO 'AINDA UMA VEZ' ANUNCIA O DESAPARECIMENTO DE TUDO AQUILO QUE PARTICIPA DA INSTABILIDADE DO MUNDO CRIADO PARA QUE PERMANEÇA SÓ AQUILO QUE É INABALÁVEL. JÁ QUE ENTRAMOS NA POSSE DE UM REINO INABALÁVEL, SEJAMOS GRATOS. E ASSIM, SIRVAMOS A DEUS DE MODO A AGRADAR-LHE, COM PIEDADE E TEMOR. POIS O NOSSO DEUS É UM FOGO DEVORADOR" (HB 12,12-28).

O Espírito Santo vem em socorro da fraqueza de Jó, esmagado por muitas tribulações, e coloca em sua boca uma palavra do próprio Jesus. O Senhor, cheio de compaixão, sempre ora no servo sofredor: sofri tudo isso, embora não haja violência em minhas mãos e minha oração seja pura (Jó 16,17).

Jesus sofreu sem ter cometido violência alguma, ele que não fez pecado, em sua boca não se encontrou falsidade, mas, pela nossa salvação, suportou o tormento da cruz.

Foi ele o único que elevou a Deus uma oração pura, pois mesmo em meio aos sofrimentos da paixão orou por aqueles que o maltratavam, pedindo ao Pai que não levasse em conta crime tão hediondo: "Pai, perdoa-lhes! Eles não sabem o que fazem!" (Lc 23,34). Não há oração mais pura do que pedir misericórdia por aqueles mesmos que nos fazem sofrer, que nos torturam. Essa é a razão pela qual o sangue de Jesus, derramado pela violência dos carrascos, tornou-se depois Eucaristia para os que creem e declaram que Ele é o Filho de Deus. É sangue redentor, sagrado, que não pode ser calado: "Ó terra, não encubras o meu sangue e não se esconda em ti o meu clamor" (Jó 16,18). O homem pecador é pó e ao pó há de voltar (Gn 3,19). Mas, quanto ao Senhor da vida, a terra, realmente, não pode ocultar seu santo sangue: qualquer pecador que beba o preço de sua redenção é libertado, é salvo, dá testemunho de seu poder, louva e anuncia a todos o que Ele lhe fez.

Não puderam suprimir o testemunho de seu sangue porque aqueles que foram purificados anunciam em todas as partes do mundo o seu Evangelho da Salvação. Ao aceitar Jesus como Senhor, comungamos do seu sangue que, então, clama em nós e não pode ser silenciado, como está escrito: "Nem sufoques meu clamor." O sangue do Senhor impera por nossa salvação, e o seu apelo é irresistível: "Vós vos aproximastes da aspersão com um sangue mais eloquente que o de Abel" (Hb 12,24). Por que o sangue de Jesus é mais eloquente que o sangue de Abel? Porque o sangue de Abel pedia a morte do irmão que o tinha assassinado, enquanto o sangue do Senhor obteve a vida para os que o crucificaram. Para que aproveitemos também nós o sacrifício do seu sangue, devemos seguir os seus passos, fazer o que Ele fez e proclamar ao mundo inteiro que fomos perdoados porque ele cumpriu a nossa pena. Quando quem crê se cala e não proclama com a própria boca que Jesus Cristo é o Senhor ressuscitado dentre os mortos, entristece o Espírito e sufoca voz do Senhor. Para que esse clamor não seja sufocado em nós, é preciso que, na medida de suas possibilidades, cada um evangelize, cada um dê testemunho de tudo o que o Senhor fez em seu favor. Eis, Senhor, a voz do sangue de Jesus, o vosso Filho, de Jesus, o nosso irmão, que, da Terra, clama a vós! Bendita seja a terra, cuja boca se abriu, bebendo o sangue redentor! O sangue derramado por Jesus, o Mediador, fala melhor, fala mais alto, do que o sangue de Abel. Bendita seja a terra, cuja boca se abriu, bebendo o sangue redentor!

Sangue de Jesus, cai sobre nós! Sangue de Jesus, desata nossas cadeias! Sangue de Jesus, perdoa nossos pecados! Senhor Deus, derrama teu Espírito em nossos corações, para que, fugindo aos desequilíbrios e vencendo toda perversão, possamos, com a ajuda do Senhor, amar o que Deus nos manda e obedecer com fidelidade.

Propósito: comer algo de que você não goste.

Dia 29

FUGA DO PECADO

"Filho, pecaste? Não tornes a fazê-lo; e suplica pelas faltas passadas para que te sejam perdoadas. Foge dos pecados como de uma cobra: se deles te aproximares, te morderão. Seus dentes são dentes de leões que tiram a vida das pessoas. Toda iniquidade é como espada de dois gumes: não há cura para o seu golpe. O terror e as injustiças acabarão com a riqueza: a casa que é muito rica será destruída pela soberba, e, assim, a riqueza do soberbo será arrasada. A súplica do pobre vai da sua boca até os ouvidos de Deus, e a justiça lhe será feita sem demora. Quem detesta a correção está nas pegadas do pecador; quem teme a Deus atrai-a ao seu coração. De longe se conhece o prepotente de língua atrevida: quem é sensato sabe que ele cai" (Eclo 21,1-8).

Para manter alguém na escravidão do pecado, o maligno dá um jeito de distraí-lo cada vez mais, ocupando-o com pensamentos que não o deixem perceber a infelicidade que está a sua vida. Faz de tudo para esvaziar qualquer intenção ou ideia que possam levá-lo de volta para Deus e não só usa pensamentos sedutores como o instiga também a cometer sempre de novo o mesmo pecado para viciá-lo ou o arrasta a pecados maiores. Seu objetivo é tornar a pessoa cada vez mais incapaz de notar o quanto está presa, empurrá-la ainda mais para o fundo do poço, prendendo-a de tal maneira que, se Deus não a socorre com sua graça, sua vida vai despencando, de fracasso em fracasso, de pecado em pecado, até a sua completa destruição.

Para quem desceu a um ponto assim tão desastroso, o único meio de escapar é deixar-se conduzir pelo Espírito Santo, que o leva a passar da opressão do diabo para a liberdade dos filhos de Deus. Para isso, deve clamar com insistência ao Senhor: "Socorro! Ajuda-me, Senhor! Não me deixes abandonado nas trevas do pecado!" Sim, isso irá ajudá-lo muitíssimo! Se tiver a determinação de manter-se em oração e repetir muitas vezes esta ou outras orações como essa durante todo o dia.

Em seguida, o mais rápido possível, deve procurar um sacerdote, confessar-se, pedir-lhe que o oriente, que o ajude a sair dessa situação lamentável e livrar-se das correntes com que o inimigo o prendeu. Caso não possa fazer isso imediatamente, deve se colocar o mais rápido possível na presença de Jesus crucificado, prostrar-se diante dele e pedir o auxílio de Nossa Senhora, suplicando por misericórdia e ajuda. Se prontamente agir assim, escapará e vencerá com toda certeza.

Pai amado, o Senhor é o justo Juiz, poderoso Senhor, que tem para conosco uma paciência que não pode ser medida. O Senhor conhece a minha fraqueza e as tendências do meu coração para o pecado; sê, Deus, a minha força e toda a minha confiança, pois não basta que a minha consciência não me acuse.

O Senhor conhece em mim ainda aquilo que eu não conheço; e por isso devo ser humilde todas as vezes que sou corrigido e devo aceitar ser repreendido com toda mansidão.

Perdoa-me, Senhor piedoso, as vezes em que me rebelei e dá-me a graça de reparar minha rebeldia numa próxima oportunidade. Devo ter mais confiança na grande misericórdia do Senhor para alcançar o perdão do que em minha suposta bondade para justificar o que minha consciência mal conhece.

"É verdade que minha consciência não me acusa de nada. Mas isto não quer dizer que eu deva ser considerado justo." "Não chames a juízo o teu servo, nenhum ser vivo é inocente diante de ti" (1Cor 4,4; Sl 142,2).

Propósito: oferecer uma visita eucarística pelos presidiários.

Dia 30

CUIDADO COM A LÍNGUA

"Meus irmãos, não haja muitos entre vós a se arvorar em mestres; sabeis que seremos julgados mais severamente, porque todos nós caímos em muitos pontos. Se alguém não cair por palavra, este é um homem perfeito, capaz de refrear todo o seu corpo. Quando pomos o freio na boca dos cavalos para que nos obedeçam, governamos também todo o seu corpo. Vede também os navios: por grandes que sejam e embora agitados por ventos impetuosos, são governados com um pequeno leme à vontade do piloto. Assim também a língua é um pequeno membro, mas pode gloriar-se de grandes coisas. Considerai como uma pequena chama pode incendiar uma grande floresta! Também a língua é um fogo, um mundo de iniquidade. A língua está entre os nossos membros e contamina todo o corpo; e, sendo inflamada pelo inferno, incendeia o curso da nossa vida. Todas as espécies de feras selvagens, de aves, de répteis e de peixes do mar se domam e têm sido domadas pela espécie humana. A língua, porém, nenhum homem a pode domar. É um mal irrequieto, cheia de veneno mortífero. Com ela bendizemos o Senhor, nosso Pai, e com ela amaldiçoamos os homens, feitos à semelhança de Deus. De uma mesma boca procedem a bênção e a maldição. Não convém, meus irmãos, que seja assim" (Tg 3,1-10).

Para os que gostam de fazer as coisas bem feitas, há uma recomendação antiga e eficaz, um conselho de ouro: "Se queres ser perfeito, começa com o mínimo." Quer coisa menor que manter a própria língua dentro da boca? E, no entanto, isso é algo grandioso. Uma pequena língua pode produzir grandes estragos; pode pôr a perder uma amizade; pode incendiar uma família; pode arrasar uma nação. Isso fica muito claro na seguinte história:

Conta-se que, por causa de uma confusão entre dois nomes parecidos, Jerusalém foi destruída. Aconteceu que um homem tinha um amigo chamado Kamza e um inimigo chamado Barkamza. Numa ocasião, decidiu oferecer um luxuoso jantar aos seus convidados e ordenou ao seu empregado que fosse chamar Kamza, seu amigo. O empregado confundiu os nomes e trouxe o inimigo, em vez do amigo. Era para trazer o Kamza, e trouxe o BarKamza.

Quando o dono da casa viu seu inimigo mortal, sentado à sua mesa, comendo de sua comida, ficou tomado de ódio, e disse: "Você, que fala mal pelas minhas costas e inventa mentiras ao meu respeito, o que faz em minha casa?", e exigiu que ele se retirasse.

BarKamza, constrangido, cochichou ao dono da festa: "Uma vez que já estou aqui, por favor, não me expulse. Deixe-me ficar, eu pago pelo que consumir." "Não", disse o anfitrião. BarKamza implorou: "Pago pela metade do banquete se você permitir que eu fique, e assim evitamos essa situação embaraçosa." O dono da festa se recusou e, pegando-o pelo braço, enxotou-o de sua casa.

BarKamza pensou: "Tanta gente viu o que aconteceu e nenhuma me defendeu, isso mostra que aprovam que eu seja tratado assim. Por isso vou atiçar as autoridades romanas contra eles." Foi, então, ao comandante romano e disse: "Os hebreus se rebelaram contra você. E estiveram confabulando durante um jantar."

Conforme essa história, a destruição de Jerusalém teria sido iniciada por palavras que brotaram de uma intriga. Há muitas palavras que carregam destruição. Tome cuidado para não destruir a união entre as pessoas semeando palavras de rivalidade e inimizade, pondo umas contra as outras.

Língua é coisa tão perigosa que fez Davi compor uma música que não o deixasse se esquecer disso: "Eu resolvi: 'Vou controlar meus caminhos para não pecar com a língua; vou pôr um freio à minha boca, enquanto o malvado estiver à minha frente'" (Sl 38,2). Na frente de uma pessoa mal-intencionada, mesmo o que você diz sem maldade será usado para fazer o mal a você ou a alguém que ela queira prejudicar; por fim, ainda porá a confusão na sua conta.

Por isso, aprenda a ouvir sem se envolver na confusão alheia. Ouça muito e fale pouco. Ponha um cabresto naquela velha mania de dar opinião a respeito dos outros e ficar comentando sobre as coisas alheias.

Ouça os desabafos, mas lembre-se de que são apenas desabafos, em que a verdade costuma ser misturada com as mágoas, decepções e mentiras. Todo desabafo conta com uma certa cota de lixo emocional. Não pegue o lixo dos outros para você.

Tome cuidado com quem você desabafa! Lembre-se de que palavra dita não tem volta, e que quem o escutou pode usar o que você disse como bem entender. Portanto, ouça quem precisa falar, escute as discussões, mas não se envolva nelas.

Quando você ouvir gente falando maldade a respeito dos outros, não caia nessa nem fique se deliciando na maledicência. Quando ouvir algo a respeito do que alguém fez de errado, não ouça até o fim e tente esquecer o que ouviu.

Busque sempre se lembrar das pessoas a partir de suas qualidades e acertos, e não por aquilo que as diminui. Que o marido tenha sempre em seus pensamentos as qualidades e virtudes de sua mulher! Que a esposa se recorde dos muitos acertos de seu marido! Quantas coisas boas ao se lembrar de um filho! Quantas pessoas boas nos ajudam em nossas vidas! Se quer espalhar algo a respeito de alguém, espalhe isso. Fale somente o bem a respeito das pessoas, e se não conseguir pensar em algo bom para falar, então se cale.

Às vezes, a ferida que causamos com aquilo que a gente diz fica evidente; às vezes, não, mas o estrago está lá. E, porque a gente não vê, não significa que não foi nada demais e que o outro não esteja sofrendo pelo que dissemos.

A ferida causada por uma bala pode ser curada, mas o ferimento causado por uma língua jamais fecha se não houver uma intervenção de Deus. Por isso, se uma pessoa não ofende as outras por palavras, essa é uma pessoa perfeita.

"Senhor, clamo a ti, corre em meu auxílio; escuta a minha voz quando te invoco. Que minha oração suba à tua presença como incenso, a elevação de minhas mãos como sacrifício da tarde. Põe, Senhor, uma guarda à minha boca, vigia a porta dos meus lábios. Não deixes que meu coração se incline ao mal e pratique a maldade com os pecadores; que eu não prove de seus manjares. Que o justo me bata e o fiel me repreenda, mas que o óleo do ímpio não me perfume a cabeça; entre suas maldades continuo minhas preces. Estão entregues às severas mãos de seus juízes, eles que de mim ouviram palavras amigas. Como a terra se fende e abre, seus ossos foram espalhados na porta do abismo. Para ti, Senhor, meu Deus, estão voltados meus olhos; em ti me refugio, não deixes que minha vida se perca. Preserva-me do laço que me armaram, das ciladas dos malvados. Que os ímpios caiam em suas próprias redes, enquanto eu escapo são e salvo" (Sl 140).

Propósito: dedicar 15 minutos para leitura sobre a vida de um santo que você não conhece.

Dia 31

TEMOS UM DEFENSOR

"Meus filhinhos, escrevo isto para que não pequeis. No entanto, se alguém pecar, temos junto ao Pai um Defensor: Jesus Cristo, o Justo. Ele é a oferenda de expiação pelos nossos pecados, e não só pelos nossos, mas também pelos pecados do mundo inteiro" (1Jo 2,1-2).

A missão de Jesus é mais profunda do que tirar males e sofrimentos deste mundo. Ele tem o poder de arrancar a raiz que causa tudo isso. Ele nos tomou numa condição como se tivéssemos comido veneno e, como não tínhamos o antídoto, estávamos condenados à morte espiritual: deveríamos ir para o Inferno.

O Espírito Santo, certa vez, mostrou ao Cura d'Ars que não é Deus quem nos bane; somos nós, por nossos pecados, que nos banimos de sua presença. E, depois da morte, os banidos não acusam Deus, eles acusam a si mesmos dizendo: "Eu perdi Deus, minha alma e o céu por minha própria culpa."

Há coisas que envenenam a alma da gente todas as vezes que as fazemos. Há certos lugares, boates, botecos, prostíbulos, seitas secretas que são verdadeiras oficinas do demônio; são a escola onde o Inferno dá aula e treina a pessoa na perdição; são os lugares onde a pessoa perde a alma, onde arruína a própria família e a dos outros; onde a saúde se perde, onde começam as brigas e tudo que a leva à morte.

Jesus veio até nós e nos deu o antídoto do seu sangue, anulou o veneno que nos destruiria. Em seguida, ressuscitado, entrou no Santo dos Santos, isto é, no céu, onde apresentou diante do trono do Pai celeste aquele mesmo sangue de valor infinito, que havia derramado de uma vez para sempre por todos os homens prisioneiros do pecado. Esse sacrifício é tão agradável e aceito por Deus que o Pai, ao ver tanto amor que seu Filho tinha por nós, perdoou a nossa loucura. Já não podia deixar de compadecer-se de nós e derramar a sua misericórdia sobre todos os que estão verdadeiramente arrependidos. Portanto, já estamos em paz com Deus.

Para quem se achega a Cristo, já não pesa nenhuma condenação, nossos pecados foram perdoados; a má raiz, arrancada; o veneno, aniquilado, graças ao sacrifício do Senhor.

Além disso, trata-se de um sacrifício eterno. Não é oferecido apenas uma vez a cada ano, como acontecia entre os judeus, mas a cada dia, a cada hora e a cada momento para nosso consolo e alegria, "obtendo-nos uma eterna redenção" (Hb 9,12). E quem aproveita esse santo e eterno sacrifício? Todos os que estão verdadeiramente arrependidos, os que estão desgostosos com os pecados que cometeram, os que tomaram a firme decisão de não mais voltar aos seus antigos vícios e assumiram o compromisso de andar retamente na presença do Senhor.

Levante-se o que caiu! Levante-se e não se desespere, pois está escrito: "meus filhinhos, escrevo isto para que não pequeis. No entanto, se alguém pecar, temos junto ao Pai um Defensor: Jesus Cristo, o Justo. Ele é a oferenda de expiação pelos nossos pecados, e não só pelos nossos, mas também pelos pecados do mundo inteiro" (1Jo 2,1-2).

Se, quando éramos inimigos, fomos com Deus reconciliados pela morte de seu Filho, com maior razão agora, uma vez reconciliados, seremos salvos por sua vida. Quando ainda pecadores, morreu Cristo por nós todos, com maior razão agora, uma vez reconciliados, seremos salvos por sua vida.

Senhor, obrigado porque teu Santo Espírito nos enche, continuamente, com todos os bens. Peço humildemente que me concedas a graça de deixar as coisas velhas para trás e começar agora uma nova vida em tua presença. Que meu coração esteja sempre pronto para entrar no céu quando o Senhor me chamar.

Propósito: fazer um momento de oração com seu anjo da guarda.

Dia 32

QUE RESULTADO VOCÊ COLHEU DE UMA VIDA LONGE DE DEUS?

"Que frutos colhíeis, então, de ações das quais agora vos envergonhais? Pois o fim daquelas ações era a morte. Agora, porém, libertados do pecado e como servos de Deus, produzis frutos para a vossa santificação, tendo como meta a vida eterna. Com efeito, a paga do pecado é a morte, mas o dom de Deus é a vida eterna no Cristo Jesus, nosso Senhor" (Rm 6,21-23).

"Que resultado você colheu de uma vida longe de Deus?" (Rm 6,21). É quase a pergunta de uma mãe que quer a felicidade do filho perdido e o chama de volta à razão. Minha gente, a morte é o resultado final do pecado, enquanto a vida eterna é o resultado final da busca pelo Senhor. Quem encontra Deus encontra a vida. E o Senhor se deixa encontrar por aqueles que o buscam.

O processo que conduz à morte e leva à perdição eterna é consequência do pecado. É como um fruto, uma recompensa, um resultado, um salário... é a morte.

Toda corrupção leva a pessoa à própria destruição. Pecar é desmoronar o próprio ser e caminhar para o nada. Em seu sentido mais profundo, o pecado nada mais é que a vontade pervertida. É querer o mal e fazer o mal.

O mal consiste em abusar do bem e abandonar a Deus. Encontramos aqui a diferença entre as duas mortes: quando a alma abandona o corpo, acontece a morte física; quando a alma abandona a Deus, acontece a morte espiritual.

Um dos sintomas de quem se encaminha para essa morte espiritual é "um estado de tristeza". Sem dúvida alguma, o pecado é motivo de tristeza. Então nos convertermos ao Senhor nos devolve a alegria.

Essa é uma das grandes mostras do amor de Deus: Ele não só nos devolve a alegria de viver como também nos devolve a vida que havíamos perdido. E faz isso gratuitamente; é dom Dele; não é merecimento nosso. Podemos merecer a morte, mas a Vida Eterna é dom gratuito de Deus que nos ama. Já não podemos virar as costas a tão grande bem.

Hoje em dia, muitas pessoas fazem de tudo para morrer um pouco mais tarde: alimentação, exercícios físicos, tratamentos médicos, porém, não fazem nada para não morrer para sempre. Muitos de nós lutamos para não cometer pecados graves como matar, roubar, idolatrar, adulterar etc., mas sucumbimos aos menores. E as pequenas maldades? E os vícios de caráter e de comportamento? E as mentiras, as calúnias e as palavras cruéis? Será que tendo nos livrado de uma montanha de pedra vamos nos deixar enterrar por uma montanha de areia? Mesmo que pareçam pequenos, pecados acumulados sufocam e esmagam nossa vida interior.

A conversão é uma tarefa diária. A gente caminha todos os dias por este mundo cheio de poluição, e torna-se praticamente impossível não se contaminar; quando não de lama, ao menos de poeira.

Para ter a vida de Deus, para chegar à ressurreição, temos que nos unir a Jesus e passar primeiro pela crucificação dos nossos pecados, pela conversão, e voltar ao nosso Deus. A cruz de Cristo tornou isso possível; ela é fonte de todas as bênçãos e origem de todas as graças. E concede aos que creem a força na sua fraqueza, a vitória na humilhação, a vida na morte. Só Jesus crucificado é o verdadeiro Cordeiro de Deus que tira o pecado do mundo (Jo 1,29). Que verdade segura e digna da nossa total confiança a que diz: Cristo veio ao mundo para salvar os pecadores (1Tm 1,15)!

Que coisa admirável a misericórdia de Deus para conosco, porque Cristo não morreu pelos justos nem pelos santos, mas pelos pecadores e inimigos de Deus, pelos que não mereciam. E como não podia ser morto sendo Deus, encontrou um modo de poder morrer. Tornou-se um de nós e, nascendo humano, assumiu o que poderia oferecer por nós.

O Senhor tanto ansiava pelo momento de nos salvar que, séculos antes de nascer, já ameaçava nossa morte com o poder de sua morte, dizendo pelo profeta Oseias: Ó morte, eu serei a tua morte; inferno, eu serei a tua ruína (Os 13,14).

Na verdade, morrendo, ele se submeteu às leis do túmulo, mas destruiu todas elas quando ressuscitou. Sua ressurreição quebrou a perpetuidade da morte, transformando-a de eterna em temporal. Pois, como em Adão todos morrem, assim também em Cristo todos reviverão (1Cor 15,2).

"Deus anulou o documento que, por suas prescrições, nos era contrário e o eliminou, cravando-o na cruz; despojou os principados e as potestades e os deu publicamente em espetáculo, arrastando-os no seu cortejo triunfal." "Quando tiverdes elevado o Filho do Homem, então sabereis que 'Eu sou'" (Cl 2,14-15; Jo 8,28a).

Pai amado, não podemos deixar de anunciar tantas maravilhas que o teu amor nos manifestou. Pedimos, em nome de Jesus, dá-nos a graça de sermos incansáveis em fazer o bem e evangelizar para que, também neste tempo, muitos se convertam e honrem o Senhor com suas vidas.

Propósito: não reclamar das adversidades do seu dia.

Dia 33

A MARCA REGISTRADA DE QUEM TEM DEUS NO CORAÇÃO

"O Senhor falou a Moisés: 'Fala a toda a comunidade dos israelitas e dize-lhes: Sede santos, porque eu, o Senhor vosso Deus, sou santo. Cada um de vós reverencie sua mãe e seu pai e guarde os meus sábados. Eu sou o Senhor vosso Deus. Não vos volteis para ídolos nem façais para vós deuses de metal fundido. Eu sou o Senhor vosso Deus. Quando oferecerdes ao Senhor um sacrifício de comunhão, oferecei-o de modo a ser aceito. A vítima deverá ser comida no dia da imolação ou no dia seguinte. O que sobrar no terceiro dia será queimado no fogo. O que dele se comesse no terceiro dia seria carne deteriorada:

NÃO SERIA ACEITO. QUEM O COMER SERÁ CULPADO POR TER PROFANADO ALGO QUE FOI CONSAGRADO AO SENHOR. TAL PESSOA SERÁ ELIMINADA DO MEIO DO POVO. QUANDO FIZERDES A COLHEITA NA VOSSA TERRA, NÃO DEVEREIS CEIFAR ATÉ O ÚLTIMO LIMITE DO CAMPO NEM CATAR AS ESPIGAS QUE RESTARAM. NÃO COLHAS OS ÚLTIMOS CACHOS DE TUA VINHA NEM AJUNTES AS UVAS CAÍDAS. DEIXARÁS ISSO PARA O POBRE E O ESTRANGEIRO. EU SOU O SENHOR VOSSO DEUS. NÃO FURTEIS; NÃO DIGAIS MENTIRAS NEM VOS ENGANEIS UNS AOS OUTROS. NÃO JUREIS FALSO POR MEU NOME. NÃO PROFANARÁS O NOME DE TEU DEUS. EU SOU O SENHOR. NÃO EXPLORES O TEU PRÓXIMO NEM PRATIQUES EXTORSÃO CONTRA ELE. NÃO RETENHAS CONTIGO A DIÁRIA DO ASSALARIADO ATÉ O DIA SEGUINTE. NÃO AMALDIÇOES O SURDO; NÃO PONHAS TROPEÇO DIANTE DO CEGO, MAS TEMERÁS O TEU DEUS. EU SOU O SENHOR. NÃO COMETAS INJUSTIÇAS NO EXERCÍCIO DA JUSTIÇA. NÃO FAVOREÇAS O POBRE NEM PRESTIGIES O PODEROSO. JULGA TEU PRÓXIMO CONFORME A JUSTIÇA. NÃO SEJAS MALDIZENTE NO MEIO DO TEU POVO. NÃO CONSPIRES CONTRA A VIDA DO TEU PRÓXIMO. EU SOU O SENHOR. NÃO GUARDES NO CORAÇÃO ÓDIO CONTRA TEU IRMÃO. REPREENDE TEU PRÓXIMO PARA NÃO TE TORNARES CULPADO DE PECADO POR CAUSA DELE. NÃO PROCURES VINGANÇA NEM GUARDES RANCOR AOS TEUS COMPATRIOTAS. AMARÁS O TEU PRÓXIMO COMO A TI MESMO. EU SOU O SENHOR. NÃO RECORRAIS AOS QUE EVOCAM OS ESPÍRITOS NEM CONSULTEIS OS ADIVINHOS PARA NÃO VOS TORNARDES IMPUROS. EU SOU O SENHOR vosso Deus. Levanta-te diante de uma cabeça branca e honra o ancião. Teme o teu Deus. Eu sou o Senhor. Se um estrangeiro vier morar convosco na terra, não o maltrateis. O estrangeiro que mora convosco seja para vós como nativo. Ama-o como a ti mesmo, pois vós já fostes estrangeiros na terra do Egito. Eu sou o Senhor vosso Deus. Não cometais injustiças nos julgamentos, nas medidas de comprimento, de peso ou de capacidade. Tende balanças justas, pesos justos e medidas para sólidos e líquidos justas. Eu sou o Senhor vosso Deus, que vos tirei do Egito. Guardai, pois, todas as minhas leis e meus decretos, e cumpri-os. Eu sou o Senhor'" (Lv 19,1-18; 31-37).

Se você acha que é muita coisa para decorar, tudo isso se resume numa única ordem: "Ama o teu próximo como a ti mesmo." Trata-se de sermos servos uns dos outros pelo amor. Mais tarde, inclusive, Jesus vai mostrar que essa é a verdadeira identidade de quem é de Deus: "Nisto conhecerão todos que sois meus discípulos, se vos amardes uns aos outros" (Jo 13,35).

O amor é a marca registrada de quem tem Deus no coração. Tanto é que São João recomenda: "Amemo-nos uns aos outros, porque o amor vem de Deus, e todo aquele que ama nasceu de Deus e conhece a Deus. Quem não ama não chegou a conhecer a Deus, pois Deus é amor" (1Jo 4,7-8).

Cada um de nós precisa olhar bem no fundo do coração e procurar discernir, com sinceridade, os sentimentos mais íntimos que estão ali. Caso encontre, dentro de você, algo que nasceu de um amor sincero, não tenha dúvidas de que Deus está com você. Então dê o próximo passo: empenhe-se para ser cada vez mais digno de hospedar o Espírito Santo. Faça isso com grandeza de alma, insistindo em pôr em prática as obras de misericórdia.

As obras de misericórdia são muitas, mas são enumeradas catorze delas, sete corporais e sete espirituais para nos facilitar:

As corporais são: 1. Dar de comer a quem tem fome; 2. Dar de beber a quem tem sede; 3. Dar pousada aos peregrinos; 4. Vestir os nus; 5. Visitar os enfermos; 6. Visitar os presos; 7. Enterrar os mortos.

As espirituais são: 1. Ensinar os ignorantes; 2. Dar bom conselho; 3. Corrigir os que erram; 4. Perdoar as injúrias; 5. Consolar os tristes; 6. Sofrer com paciência as fraquezas do próximo; 7. Rezar a Deus por vivos e defuntos.

Se Deus é amor, jamais podemos desistir de fazer o bem e de amar, porque a grandeza de Deus não tem limites. Para amar e fazer o bem, toda hora é hora, mas estes 40 dias nos chamam a atenção para isso.

Quando queremos celebrar a Páscoa do Senhor com o espírito e o corpo purificados, precisamos nos empenhar ao máximo para ter um coração cheio de amor. O amor santifica e cobre uma multidão de pecados.

Para mergulhar no dom do sangue de Cristo, que apagou as nossas iniquidades, precisamos nos preparar, oferecendo a Deus um sacrifício espiritual: ter misericórdia das pessoas. Se alguém tiver dúvidas de por onde começar, apontamos aqui 14 delas, é só escolher.

O que a bondade de Deus nos concedeu precisamos também nós conceder aos que nos ofenderam: tenha misericórdia, use de misericórdia. Usar de misericórdia e ser mais generoso para com as pessoas mais pobres e com aqueles que sofrem.

A finalidade do jejum não é fazer a gente sofrer, e sim nos ajudar a tirar daquilo que é nosso para dar a quem não tem. Deixamos de ter para que alguém tenha. Deixamos de comer para dar aquela comida a um que necessite. Ou seja, você dá aquele tempo, aquela comida, aquele dinheiro etc.

Cuidar de quem precisa é o que mais agrada a Deus, pois, quando agimos com misericórdia, Deus se vê e se reconhece agindo em nós.

Jamais tenha medo de que tais despesas venham a diminuir os seus recursos. Ao contrário, a benevolência faz jorrar uma fonte que jamais se esgota. Os meios não faltam onde existe alguém que abre as mãos e o bolso para ajudar seu irmão que sofre. É a hora em que intervém a mão de Deus, a providência divina que, ao partir do pão, faz que ele cresça e, ao dividi-lo, faz com que se multiplique.

Quem dá esmola faça-o com alegria e confiança, porque tanto mais vai lucrar quanto menos guardar para si. Semente que você guarda não passa de semente. Semente que você planta vira colheita: "Aquele que dá a semente ao semeador e lhe dará pão como alimento, Ele mesmo multiplicará vossas sementes e aumentará os frutos da vossa justiça" (2Cor 9,10).

"Espera no Senhor e faze o bem; assim permanecerás na terra e terás segurança. Põe no Senhor tuas delícias, e ele te dará o que teu coração pede. Entrega ao Senhor o teu futuro, espera nele, que ele vai agir. Fará brilhar como luz tua justiça e o teu direito como o meio-dia. Descansa no Senhor e nele espera. Não te irrites por causa dos que prosperam, por causa do homem intrigante. Desiste da ira, depõe o furor, não te irrites, só iria piorar. Pois quem faz um mal será exterminado, mas quem espera no Senhor possuirá a Terra. Daqui a pouco não existirá o ímpio; se olhares para seu lugar, não o encontrarás. Mas os humildes herdarão a terra, vão se alegrar com uma paz imensa" (Sl 36,3-11).

Propósito: convidar um amigo para participar das atividades da Semana Santa da sua paróquia ou comunidade.

Dia 34

FAÇA COM AMOR

"'Vaidade das vaidades – diz o Eclesiastes –, vaidade das vaidades, tudo é vaidade!' Que proveito tira o ser humano de todo o trabalho com o qual se afadiga debaixo do sol? Uma geração passa, outra vem, e a Terra continua sempre a mesma. O sol se levanta, o sol se põe e se apressa para voltar a seu lugar, onde renasce. O vento gira para o sul e dobra para o norte; passando ao redor de todas as coisas, ele prossegue e volta aos seus rodeios. Todos os rios correm para o mar, e o mar contudo não transborda; para o lugar de onde saíram voltam os rios, no seu percurso. Todas as coisas são difíceis e não se pode explicá-las com palavras. A vista não se cansa de ver nem o ouvido se farta de ouvir. O que foi é isto mesmo que será. E o que foi feito é isto mesmo que vai ser feito: não há nada de novo debaixo do sol. Uma coisa da qual se diz: 'eis aqui algo de novo', ela já nos precedeu, nos séculos que houve antes de nós. Não há memória dos tempos antigos. E, quanto àqueles que vierem depois, tampouco deles haverá memória junto aos que vierem por último. Eu, o Eclesiastes, fui rei de Israel em Jerusalém. E propus, no meu espírito, procurar e investigar, com sabedoria, tudo o que acontece debaixo do sol. É uma tarefa ingrata que Deus confiou aos filhos de Adão para com ela se ocuparem. Examinei todas as coisas que se fazem debaixo do sol. Pois bem, tudo é vaidade e aflição do espírito! O que é torto não se pode endireitar; o que falta, não se pode contar. Disse comigo em meu coração: 'desenvolvi e acumulei sabedoria mais do que todos os meus predecessores em Jerusalém. Minha mente alcançou muita sabedoria e conhecimento.' Esforcei-me de coração em compreender a sabedoria e o conhecimento, e também a tolice e a insensatez. E reconheci que nessas coisas também está a aflição do espírito. E isto porque muita sabedoria, muito desgosto; quanto mais conhecimento, mais sofrimento" (Ecl 1,2-18).

"Muita sabedoria, muito desgosto; quanto mais conhecimento, mais sofrimento": é o que acontece se faltar amor. É preciso pôr amor em tudo o que vivemos e fazemos.

O Eclesiastes faz aqui o retrato do que acontece quando a pessoa separa o conhecimento do amor, ou seja, quando a pessoa sabe só por saber, sabe para ter conhecimento, mas não ama.

Para quem não ama, a vida se torna um tédio, não traz novidade, é tudo sempre a mesma coisa, difícil, sem sentido, sem respostas; em suma, um sofrimento.

É o amor que muda isso quando é posto para agir. A caridade abre o nosso coração para Deus e dá prioridade ao que Deus nos mostra que deve ser feito em cada situação. Por isso, quando a pessoa deixa de colocar Deus no primeiro lugar da sua vida, ela se perde no meio de tanta informação que chega, no meio das coisas que ela fica sabendo, muitas delas desanimadoras, e vai desistindo de amar.

Quem ama a Deus quer primeiro fazer o que Ele lhe inspira, quer primeiro agradá-lo, quer descobrir a vontade Dele. Quem o ama pensa Nele o tempo todo com amor profundo e quer estar com Ele em todo momento. Entende que se Deus fez todas as coisas, inclusive as pessoas que ela ama, então seria uma estupidez ignorar que o Senhor é de um valor incomparavelmente maior.

Aquele que abandona a Deus para se dedicar a coisas e pessoas está provando que considera Deus abaixo delas e vai cair na frustração, porque as pessoas não vão corresponder como ele espera, e as coisas não vão preencher o vazio que ele sente.

Quem me ama, diz o Senhor, guardará os meus mandamentos. É este o meu mandamento: "que vocês se amem uns aos outros". Sim! As pessoas são dignas de amor, mas quem tem fé ama o ser humano sobretudo por causa de Deus. E quem não ama o próximo não agrada a Deus e não está nem aí para o que Ele mandou.

A pessoa que não guarda o mandamento é triste e também não pode amar o Senhor. Agora, pessoa feliz é aquela capaz de amar, de coração, todo mundo que Deus permite cruzar o caminho dela, seja quem for.

Quem ama a Deus quer o bem de todos e faz o bem a todos, sem exceção, por isso, não possui riqueza. Não consegue guardar o seu dinheiro, mas gasta-o conforme Deus lhe inspira, dando a quem quer que dele precise.

Aquele que faz como Deus não fica olhando se a pessoa é boa ou má na hora de ajudar quem precisa de verdade. Ajuda porque o outro precisa. No entanto, considerando o caráter da pessoa, ele prefere ajudar a pessoa boa e esforçada antes da pessoa má e preguiçosa.

A alguém que fale: "Mas eu não tenho dinheiro nem para mim", gostaria de dizer que o verdadeiro amor não se mostra apenas na ajuda financeira; mostra-se muito mais quando acolhemos a pessoa e a ajudamos a sair do fundo do poço, quando a ajudamos a se aproximar de Deus, quando arregaçamos as mangas para cuidar dela, ajudá-la nos trabalhos que a sobrecarregam e lhe prestamos o nosso serviço. Isso é tão precioso para Deus que, se, de coração, a pessoa rejeitar as coisas mundanas, erradas, vazias, más, estéreis e sem segundas intenções começar a ajudar o seu próximo com amor, Deus a liberta de todos os vícios e de tudo que a estiver atormentando. Ela entra no amor de Deus, e o Senhor lhe mostra coisas que antes ela não sabia.

Por isso, quem ama de verdade segue a Deus sem se cansar e sem se fadigar. Mais ainda, enfrenta a vida com ânimo forte e aguenta as lutas, as humilhações, as ofensas e, às vezes, nem nota as dificuldades. Deus mesmo a protege de ficar alimentando pensamentos e sentimentos ruins.

Sendo assim, não basta a gente se achar uma pessoa de Deus nem adianta ficar com aquela conversa de que a fé em Nosso Senhor Jesus Cristo, mesmo sem obras, pode me conceder a salvação. Se eu quiser ser salvo, é indispensável que eu una a essa fé o meu amor a Jesus demonstrado nas coisas que faço. Fé sem obras até o demônio tem.

Obra de amor é ajudar as pessoas de coração, é não desanimar delas, é ter paciência e usar os bens materiais com discernimento e generosidade.

Senhor, eu creio; eu quero crer em ti.

Senhor, faze que a minha fé seja total, sem reserva; que ela penetre no meu pensamento e na minha maneira de julgar as coisas divinas e as coisas humanas.

Senhor, faze que minha fé seja livre, isto é, tenha o concurso pessoal de minha adesão, aceite as renúncias e os deveres que ela comporta, seja a expressão do que há de mais decisivo em minha personalidade.

Eu creio em ti, Senhor!

Senhor, faze que minha fé seja certa, graças a uma convergência exterior de provas e ao testemunho interior do Espírito Santo; que ela seja certa por sua luz que assegura, por suas conclusões que pacificam, por sua assimilação que repousa.

Senhor, faze que minha fé seja forte, que ela não tema a contradição dos problemas de que está repleta a experiência de nossa vida ávida de luz; que ela não tema a oposição daqueles que a contestam, a atacam, a recusam e a negam; mas que ela se fortifique na experiência íntima da verdade, que ela resista ao desgaste da crítica, que ela se afirme na afirmação contínua, que ela ultrapasse as dificuldades dialéticas e espirituais no meio das quais transcorre nossa existência temporal.

Senhor, faze que minha fé seja alegre, que ela dê paz e alegria à minha alma, que ela se disponha a rezar a Deus e a conversar com os homens de tal maneira que irradie nesses encontros sagrados e profanos a felicidade interior de tua posse feliz.

Senhor, faze que minha fé seja atuante e que ela dê à caridade a razão de sua expansão moral, de maneira que ela seja verdadeira amizade contigo e que na ação, no sofrimento, na espera da revelação final, ela seja uma contínua busca de ti, um contínuo testemunho, um contínuo alimento de esperança.

Senhor, faze que minha fé seja humilde e que não tenha a presunção de fundar-se na experiência de meu pensamento e de meu sentimento; mas que se submeta ao testemunho do Espírito Santo e que não tenha outra nem melhor garantia que a docilidade à tradição e à autoridade do magistério da Santa Igreja.

Amém. (Papa Paulo VI)

Propósito: visitar um idoso e falar do amor de Deus para ele.

Dia 35

SABER PERDER

Mas essas coisas, que eram ganhos para mim, considerei-as prejuízo por causa de Cristo. Mais que isso, julgo que tudo é prejuízo diante deste bem supremo que é o conhecimento do Cristo Jesus, meu Senhor. Por causa dele, perdi tudo e considero tudo como lixo, a fim de ganhar Cristo e ser encontrado unido a ele. E isto não com a minha justiça que vem da Lei, mas com a justiça que vem pela fé em Cristo, a justiça que vem de Deus, com base na fé. É assim que eu conheço Cristo, a força da sua Ressurreição e a comunhão com os seus sofrimentos, tornando-me semelhante a ele na sua morte para ver se chego até a Ressurreição dentre os mortos. Não que eu já tenha recebido tudo isso ou já me tenha tornado perfeito. Mas continuo correndo para alcançá-lo, visto que eu mesmo fui alcançado pelo Cristo Jesus. Irmãos, eu não julgo já tê-lo alcançado. Uma coisa, porém, faço: esquecendo o que fica pra trás, lanço-me para o que está à frente. Lanço-me em direção à meta para conquistar o prêmio que, do alto, Deus me chama a receber, no Cristo Jesus. É assim que nós, os 'perfeitos', devemos pensar. E se tiverdes um outro modo de pensar, nisto também Deus vos esclarecerá. No entanto, qualquer que seja o ponto a que tenhamos chegado, continuemos na mesma direção" (Fl 3,7-16).

Diante das constantes renúncias, das muitas provações e toda sorte de dificuldades, São Paulo revela o segredo de sua inabalável motivação: "Por causa dele, perdi tudo e considero tudo como lixo, a fim de ganhar Cristo." Não é desperdiçar, por nada, o que se é e o que se tem. Existe algo que dá sentido a essas renúncias. Aliás, se não houvesse esse "para", até as mínimas perdas seriam insuportáveis. Victor Frankl, um compatriota de São Paulo, resumiu em poucas palavras o que o levou a suportar a monstruosidade dos campos de concentração: "Quem tem um porquê enfrenta qualquer como."

Não se trata da perda pela perda, e sim de um perder e um renunciar em busca de algo maior: agradar a Deus. Por isso, para quem vai com Deus, o fracasso não tem o mesmo significado que tem para outras pessoas, também não possui sobre ele nenhum poder de destruí-lo.

A esse respeito, São Josemaría Escrivá interpelava, admirado, seus companheiros: "Fracassaste! – Nós nunca fracassamos. – Puseste por completo a tua confiança em Deus. E também não omitiste nenhum meio humano." Ou seja, é preciso fazer tudo o que se pode fazer humanamente, é preciso esgotar as possibilidades. É como se perguntasse: você já fez tudo? Você já esgotou as possibilidades? Você tem certeza de que nada mais resta para você fazer? Então continua ele: "convence-te desta verdade: o teu êxito – agora e nisto – era fracassar. Dá graças ao Senhor e torna a recomeçar!"

Por vezes, a nossa vitória não está em chegar lá, mas em recomeçar. Você já pensou nisso? Já pensou que, em nossa vida, algumas coisas precisam dar errado para que outras deem certo? Quando me convenço dessa realidade, paro de me lamentar e recomeço.

Se você está determinado a fazer a vontade de Deus e a ser fiel à sua Palavra, esteja bem convencido disto: você não pode fracassar. No seu aparente fracasso, havia uma lição a ser aprendida e uma experiência a ser adquirida. Então não pare nas aparências. Confiança! Ânimo! Para a frente!

Quando existe a confiança absoluta de que Deus é Senhor também de nossas perdas, de que Ele nos governa não só "em meio" mas também "por meio" dos nossos aparentes fracassos, toda ocasião se converte em oportunidade e instrumento para me lançar para a frente. São escolhas que fazemos: deixo para avançar; perco para ganhar. Quando confio que Deus está comigo e me guia com bondade, troco a minha vontade pela dele e meus parcos projetos pelos planos generosos que Ele tem para mim.

Senhor Jesus, fiel cumpridor da vontade do Pai, peço-te: concede-me a graça de sempre, em qualquer lugar e em todas as situações, obedecer com toda fidelidade à vontade bendita do Pai como tu o fizeste.

E quando essa vontade de Deus me parecer muito custosa e difícil de fazer, então suplico, Jesus, que das tuas santas chagas me venham a força e o vigor e que eu diga na mesma hora: seja feita a vossa vontade assim na terra como no céu!

Meu Salvador querido, tu que nos redimes por amor e queres a salvação de todos, que em tão terríveis sofrimentos e dores te esqueceste de ti mesmo pensando somente em nos salvar, Jesus cheio de misericórdia, concede-me a graça de me esquecer de mim mesmo para viver totalmente para os meus irmãos, servindo-te na obra da salvação, conforme vontade do Pai.

Propósito: levantar dez minutos mais cedo para um momento de diálogo com Jesus.

Dia 36

TRAZER PARA A LUZ DE DEUS

"De fato, Deus amou tanto o mundo que deu o seu Filho único para que todo o que nele crer não pereça, mas tenha a vida eterna. Pois Deus enviou o seu Filho ao mundo não para condenar o mundo, mas para que o mundo seja salvo por ele. Quem crê nele não será condenado, mas quem não crê já está condenado, porque não acreditou no nome do Filho único de Deus. Ora, o julgamento consiste nisto: a luz veio ao mundo, mas as pessoas amaram mais as trevas do que a luz, porque as suas obras eram más. Pois todo o que pratica o mal odeia a luz e não se aproxima da luz para que suas ações não sejam denunciadas. Mas quem pratica a verdade se aproxima da luz para que suas ações sejam manifestadas, já que são praticadas em Deus" (Jo 3,16-21).

Vive triste quem diz que confia em Deus mas não confia de verdade. A falsa fé é a causa principal da maioria das nossas infelicidades. Mas, agora que estamos buscando o Senhor, precisamos confiar nele e trazer para sua luz tudo o que nos aconteceu no passado e que nós não conseguimos compreender. É importante ter visão espiritual, discernir e buscar compreender os acontecimentos, não de qualquer jeito, mas sob a luz do amor de Deus. E, para que seja assim, dois pontos são necessários.

O primeiro deles é trazer à luz, na oração, todas as coisas que vivemos mas não compreendemos, aquelas que achamos sem razão de ser, fatos que continuam a nos incomodar porque não concordamos com eles. Devemos fazer isso a fim de prestar mais atenção nessas coisas e penetrá-las, investigando-as com a luz do Espírito Santo.

O segundo ponto é ter claro que é possível uma vida coerente, boa e sábia.

Deus quer que rezemos e peçamos para Ele nos mostrar o que está nos impedindo de viver com coerência a nossa fé, quais motivações estão dirigindo a nossa vida para fora de seus planos. Ele quer iluminar tanto aquelas que nós mais ou menos percebemos quanto as que estão escondidas. De algumas temos conhecimento, tais como nossas escolhas, valores, princípios, obrigações, acordos etc. Outras agem na penumbra, como é o caso dos votos secretos, das feridas mais ou menos esquecidas, das doutrinas que herdamos de nossos pais sem nunca questionarmos se são do agrado de Deus, da ânsia desequilibrada por agradar os outros, dos maus conselhos, das inspirações malignas etc. Sem o amparo da graça, nossa visão fica condicionada por nossas fraquezas e feridas. Portanto, deveríamos estar sempre prontos a mudar nossa maneira de ver as coisas em todo momento.

Precisamos urgentemente que Jesus venha curar nossa cegueira: "'Vim a este mundo para um julgamento, a fim de que os que não veem vejam, e os que veem se tornem cegos.' Alguns fariseus que estavam com ele ouviram isso e lhe disseram: 'Porventura também nós somos cegos?' Jesus respondeu-lhes: 'Se fôsseis cegos não teríeis culpa; mas como dizeis: 'Nós vemos', o vosso pecado permanece'" (Jo 9,39-41).

Por essa razão, não há desculpa para quem afunda por deixar de buscar sua resposta no Senhor. Se tivesse recorrido a Deus, não teria sido surpreendido por tantas armadilhas nem caído em tantas mentiras. Como alguém poderá dizer que não teve força nem sabedoria para descobrir e vencer o mal que o oprime se recusou toda ajuda quando abandonou a oração?

Essa palavra de Jesus aos fariseus nos mostra que nem Deus consegue abrir os olhos a quem se recusa a enxergar. É quase impossível ajudar quem acha que não precisa de ajuda.

Crer é aceitar o socorro divino, pois a fé esclarece quem andava perdido e mostra o que se esconde por trás das aparências. Ela nos revela o que muita gente ignora. Quando o homem caminha revestido de fé, o mal não o atinge, porque, com a fé, mais do que com qualquer outra defesa, está bem protegido contra o demônio, que é o mais forte e astuto dos inimigos.

Portanto, não tenha receio de pôr toda a sua fé em Jesus, de confiar Nele e de trocar seu ponto de vista pelo Dele. Permita que o Espírito Santo mude a sua visão a toda hora. Descarte os preconceitos que guiavam sua maneira de proceder, pois todo preconceito é uma ideia sem fundamento que assumimos sem pensar. Viva com sua mente aberta para Deus, sempre pronta a acolher suas inspirações do Espírito, pois elas sopram sem que você saiba de onde vêm nem para onde vão (Jo 3,8) porque são vivas.

A pessoa que não afina os seus projetos pessoais com o que está no coração de Deus é como o marinheiro que sempre estende as mesmas velas mas que não as muda quando os ventos mudam. Assim, nunca chegará ao seu destino.

Qual é a vontade de Deus para sua vida? O que Ele tem lhe mostrado? O que estava escondido que você precisa trazer para a luz? O que você já percebeu que precisa mudar?

Mudar para chegar. A vida é mudança, é adaptação.

Quem aceita o ensinamento de Jesus tal como ele é, claro e simples, já experimenta as primícias da libertação, e não apenas se torna diferente, torna-se totalmente novo, criatura nova.

Respirai em mim, ó Espírito Santo, para que seja santo o meu pensar.

Impeli-me, ó Espírito Santo, para que seja santo o meu agir.

Atraí-me, ó Espírito Santo, para que eu ame o que é santo.

Fortalecei-me, ó Espírito Santo, para que eu proteja o que é santo.

Protegei-me, ó Espírito Santo, para que jamais eu perca o que é santo.

Amém. (Santo Agostinho)

Propósito: ajudar em uma tarefa doméstica que você não gosta de fazer.

Dia 37

SÓ COISAS BOAS

"Ou a árvore é boa, e o fruto, bom; ou a árvore é má, e o fruto, mau. É, portanto, pelo fruto que se conhece a árvore. Víboras que sois! Como podeis falar coisas boas, sendo maus? A boca fala daquilo de que o coração está cheio. Quem é bom faz sair coisas boas de seu tesouro, que é bom. Mas quem é mau faz sair coisas más de seu tesouro, que é mau. Eu vos digo: de toda palavra vã que se proferir há de se prestar conta, no dia do juízo. Por causa das tuas palavras serás considerado justo; e por causa das tuas palavras serás condenado" (Mt 12,33-37).

Uma pessoa mostra quem é pelo que cultiva em seu coração. Numa pessoa boa, suas palavras são boas e suas atitudes são ainda melhores. Porém, um coração cheio de ódio torna-se endurecido à maior benção que Deus nos deu, que é a graça de amar o próximo.

Seu próximo é quem está perto de você, é aquele que mora, trabalha, reza, convive com você. É uma monstruosidade destruir a maior alegria da vida, que é o amor, porque decidimos carregar sentimentos de ódio, raiva e avareza no coração.

Quando você está com raiva, é melhor ficar quieto. Com raiva, não se deve discutir, não se tenta ganhar a razão, não se castiga um filho nem se corrige ninguém. Antes de agir, tire a raiva de dentro de você. Inclusive, algumas conversas difíceis terão que esperar para acontecer nos melhores momentos sob o risco de estragá-las.

Tem gente que espera estar com raiva para falar daquilo que lhe desagrada no outro. Imagine você como vai terminar essa conversa! Imagine o que vai sair desse coração inflamado pela ira!

Não faça nada com raiva. O ódio faz mal para todo mundo, mas ele é ainda mais nocivo para a pessoa que o carrega. Uma pessoa má não faz mal somente aos outros como também a si mesma.

O que vai acontecer se você prejudicar uma pessoa? Ela vai revidar e vai fazer você sofrer, mas o pior estrago será causado não pelo que ela lhe fez, mas pelo ódio que existir em seu coração.

Nem seu pai, nem sua mãe, nem qualquer pessoa nesse mundo poderá levar você a fazer mais bem do que seu coração consegue quando perdoa e esquece que foi ofendido.

Portanto, vamos fazer sair de nós só coisas boas. Vamos ser mais compreensivos, colocando-nos no lugar do outro;

prestar atenção na dor de quem está perto da gente, e ser um apoio dentro de casa. Vamos honrar a confiança de quem conta conosco. Vamos ser os primeiros a dar o passo da reconciliação, a pedir desculpas e encontrar pontos de união.

Há um tipo de palavra que a Sagrada Escritura diz que é vã porque é vazia e esvazia, porque é uma fala que desanima, que desconstrói as pessoas. Vamos riscá-la do nosso vocabulário e oferecer um outro tipo de palavra, uma que seja cheia de amor e que edifica quem a ouve, uma que anime, que encoraje, que traga alegria e ajude o outro a ser alguém melhor.

Valorizar as pessoas que Deus colocou em nosso caminho, isso, sim, torna bom o coração. Se somos de Deus, nunca podemos desprezar ninguém, muito menos por causa de dinheiro. Em hipótese alguma podemos deixar que a ganância divida nossa família. Como é infeliz a pessoa avarenta que, por não saber repartir, nada ganha além do desprezo das pessoas.

Temos que tomar o cuidado de não gastar a nossa vida no que não vale a pena. Muitos perdem a saúde, os relacionamentos importantes de sua vida e se esquecem de Deus porque estão obstinados em busca de riqueza. Em matéria de dinheiro, em vez de donas, são escravas. Não pense que Deus tem algo contra uma pessoa trabalhar e adquirir bens neste mundo. O que Ele condena é que para isso ela venha a perder o maior de todos os bens, que é a vida eterna.

Mas é bom também lembrar que muita gente se tornou materialista e mesquinha por causa de marcas, feridas e traumas com raízes em sua infância. Desequilíbrios que nasceram de experiências doídas. Essa pessoa necessita mais de oração do que de julgamento, de acusação. Não condene! Reze por ela! Você pode ajudá-la a descobrir tesouros maiores de uma vida que não acaba mais. Sem dúvida, você pode ajudar com a sua oração, mas também com uma palavra de incentivo; uma palavra que ajude a pessoa a se libertar do egoísmo, da avareza, de uma vida rasteira em que não consegue enxergar nada que não seja terreno. Ajude a pessoa com uma palavra boa que a leve a pensar diferente: "Deus me ama. Deus me vê. Ele cuida de mim."

Senhor Jesus, queres curar cada homem e cada mulher. Contudo, a tua Palavra nos mostra que queres fazer mais: queres curar os casais, curar as famílias. Nas bodas de Caná, manifestaste tua misericórdia realizando teu primeiro milagre para socorrer uma família que estava passando por dificuldades.

Fala, Senhor, ao coração de cada marido, de cada mulher, de cada pai, de cada mãe, de cada filho ou filha que reza conosco agora pelas páginas deste livro. Coloca diante de seus olhos o exemplo de tua própria Sagrada Família. Senhor, que cada pai seja um homem bom, íntegro, justo, cheio de amor, como um pai deve realmente ser. Que seja um marido generoso e fiel. Que cada pai e marido seja como São José, um homem cheio da presença de Deus, amoroso e santo.

Senhor, peço por todos os homens que possam estar sob as cadeias do alcoolismo e que se tornam violentos. Liberta-os, Jesus!

Senhor, concede, a cada mãe e esposa a graça que foi derramada sobre as santas mulheres das quais a Bíblia nos fala. Que cada uma seja como Maria, irmã de Marta, sempre aos pés do Senhor; que seja como a profetisa Ana, atenta, pronta a reconhecer e anunciar a todos a presença salvadora de Deus; que seja como Maria, Sua mãe, a serva do Senhor, que o levou ao templo para apresentá-lo ao Pai, sempre disponível para servir com amor ao seu Filho, ao seu esposo. Concede a cada uma o amor de Maria – esse amor que não abandona jamais e mesmo aos pés da cruz dá forças para permanecer de pé.

Senhor Jesus, inunda este coração com amor, bondade, ternura e generosidade até que transborde. Que cada jovem, cada criança, cada filho e filha seja, em nossos lares, como o Senhor, repleto de alegria e entusiasmo, obediente a Deus e aos próprios pais.

Senhor, põe tuas santas mãos sobre todas as mães que estão com um bebê em seu ventre. Obrigado, Jesus, pois a criança que carregam é uma grande bênção, é um dom, é uma graça que Deus lhes concedeu. Derrama teu Espírito Santo sobre esse bebê agora para que lhe traga toda cura e plena libertação, particularmente se há alguma inveja pesando sobre essa gravidez, sobretudo se alguém fez alguma maldição contra esse bebê querendo até destruir a sua vida.

Senhor, envolve com teu amor, com a força redentora do teu sangue, com o poder do teu Espírito Santo as crianças pequenas trazendo libertação e cura no que diz respeito à sua sexualidade. De maneira especial, cura e liberta aquelas que foram usadas e abusadas por pessoas em quem confiavam. Cure-as para que possam entrar na vida adulta totalmente restauradas e livres.

Jesus, suplicamos, cura e liberta aquelas crianças que cresceram, mas carregam a mágoa pelos problemas que tiveram em sua família. Algumas podem estar sofrendo porque os pais foram rígidos demais ou porque foram negligentes. Liberta as crianças que foram levadas a lugares errados aonde nunca deveriam ter ido, locais de pecado, promiscuidade ou lugares de ocultismo. Senhor, liberta essas crianças!

Senhor Jesus, pela tua Sagrada Família, liberta, protege e cura cada família que está enfrentando problemas muito sérios e que foram agravados pela influência do inimigo. Senhor, liberta também aquelas famílias que estão sofrendo por causa de malefícios lançados sobre elas por seus próprios familiares.

Amém!

Propósito: fazer dez minutos de diálogo com Nossa Senhora.

Dia 38

PERDOE TUDO A TODOS

"Para esse tal, basta a punição por parte da comunidade. Agora, pelo contrário, é melhor que vos mostreis indulgentes com ele e o animeis para que não venha a consumir-se de tristeza. Por isso, eu vos exorto a dardes prova de fraterno amor para com ele. Aliás, foi também para isto que vos escrevi, para experimentar se sois obedientes em tudo. A quem perdoardes alguma coisa, eu também perdoo. Na verdade, já perdoei se, naturalmente, tive alguma coisa a perdoar. E assim procedi por causa de vós, sob o olhar de Cristo, para que não sejamos iludidos por Satanás, pois não ignoramos suas maquinações" (2Cor 2,6-11).

Houve um caso escandaloso na comunidade de Corinto, um pecado grave de incesto: um homem estava mantendo relações sexuais com a própria madrasta. São Paulo manda que ele seja excomungado e entregue ao abandono para que, sofrendo agora, não viesse a perder a salvação no futuro e caindo assim na condenação eterna.

Porém, passado algum tempo e tendo visto que o homem estava arrependido, o apóstolo pede a todos que o perdoem e o recebam de volta para que ele não desmorone pelo desânimo. Esse gesto de amor faria bem não somente ao infrator, mas a todos.

Por mais séria que seja a ofensa, não é bom que demoremos para perdoar nem para pedir perdão. O rancor é como uma peste, adoece os relacionamentos e tende a se espalhar. Inclusive, é melhor aquele que, embora se irrite facilmente, vai logo pedir perdão a quem percebe ter ofendido, do que um outro que tarda a se enfurecer, mas dificilmente toma a iniciativa de pedir perdão.

Perdoar é algo que Deus leva tão a sério que Jesus o revela como um dos segredos para que sejamos atendidos: quando você for orar, comece perdoando (Mc 11,25). Um dos segredos de uma vida longa e cheia de bons resultados é também perdoar tudo a todos sem jamais ir dormir com o coração carregado de ressentimento. Ou seja, limpar o coração todas as noites e perdoar antes de ir para a cama, pois culpar os outros nunca trouxe alívio para a alma de ninguém.

Se permitirmos que o Espírito Santo nos dê um coração grande e bondoso, que Ele nos dê grandeza de alma, conseguiremos perdoar até mesmo aquilo que vai além do que permitem nossas emoções. Aliás, há situações em que precisamos pôr de lado as emoções para conseguirmos liberar o perdão, já que emoções feridas nunca querem perdoar.

Para algumas pessoas, o desafio de conseguir conceder perdão é um processo que leva a vida inteira, sobretudo quando envolve mágoas profundas. Outras nem chegam a perdoar se não contarem com a ajuda de Deus. Precisam pedir ao Espírito Santo que lhes dê sabedoria, coragem e força para isso.

Um dos motivos de o perdão ser tão difícil é que muitos o encaram somente como algo que fazemos pelos outros para que eles se sintam bem apesar dos erros que cometem. Não entendem que o perdão é, sobretudo, a cura de nossas próprias feridas. Perdoar é fazer o bem à nossa alma e sarar o próprio coração.

Poderia o perdão ter efeito sobre alguém que está em coma, se antes, quando a pessoa estava em plena consciência, permanecia afundada em rancores?

O fato é que recebemos o testemunho de uma mulher que foi ao hospital orar por seu cunhado que estava em coma há muitos dias e não voltava a si. Ela contou que, no momento em que lhe impôs as mãos, percebeu que Deus queria que ela lhe pedisse perdão e também o perdoasse. Não somente ela, mas também sua irmã com a qual ele era casado. Depois de muitas declarações de arrependimento, pedidos e concessões de perdão, ambas estenderam sobre ele suas mãos e pediram a Jesus por sua cura. Imediatamente, seus olhos se abriram e foi acudido pela equipe médica que acompanhava o episódio. O perdão e a oração o trouxeram de volta.

Pouca coisa confere tão grande força e liberdade para o coração de uma pessoa do que quando esquece a vingança e ousa perdoar a ofensa. Um dos remédios mais poderosos e eficazes que se pode ter é a libertação que vem quando você perdoa um inimigo, ainda que ele não saiba que você o está perdoando.

Ora, e isso é algo tremendo, pois o mar da misericórdia de Deus não pode penetrar em nosso coração enquanto não tivermos perdoado aos que nos ofenderam. O amor, ensina a Igreja, é como o corpo de Cristo, é indivisível: não podemos amar o Deus que não vemos se não amamos o irmão, a irmã que vemos. Recusando-nos a perdoar nossos irmãos e irmãs, nosso coração se fecha, sua dureza o torna impermeável ao amor misericordioso do Pai. Mas, ao confessarmos nosso pecado e perdoarmos os que nos ofenderam, nosso coração se abre à graça de Deus e encontra misericórdia.

Todo coração precisa ter uma fornalha ardente imensa para queimar, até às cinzas, os aborrecimentos e mágoas causados pelos nossos familiares e amigos: é a fornalha do perdão.

Um pequeno grupo rezava por uma moça. Eles haviam acabado de conhecê-la e nada sabiam dos dramas que ela enfrentava. Durante a oração, um deles recebeu de Deus uma palavra de conhecimento e sentiu que deveria dizer a ela: "Você, que não fala com sua mãe, perdoe-a!" Realmente, as duas não se falavam havia muitos meses. Terminada a oração, a moça voltou para casa. Ao longe, viu que sua mãe a esperava no portão. Abraçaram-se. E se reconciliaram. De um modo misterioso, a oração havia alcançado também a mãe que estava a quilômetros de distância.

Jamais subestime o bem que o perdão é capaz de conseguir. Tenha um coração cheio de amor pelos outros, inclusive pelos que desagradam e maltratam você. A gente descobre a força de Deus em nós quando somos capazes de amar até mesmo os que nos perseguem e odeiam. Se você amar essas pessoas, mais cedo ou mais tarde elas deixarão de lutar contra você.

Seja humilde e não alimente conflitos. Como ensina uma sabedoria antiga, "mesmo a espada afiada não corta um travesseiro de penas". O que é macio cede. Devemos aprender a ceder. É inteligente ser maleável.

Usando palavras afetuosas e cheias de bondade, você poderá conduzir um brutamontes usando apenas um sorriso e o seu olhar.

Cada vez que você for ofendido e sentir raiva de uma pessoa, lembre-se de que todos somos fracos e causamos mágoas até mesmo em quem amamos; lembre-se também de que todos somos filhos de Deus. E, ao se lembrar disso, perdoe. Também aos desagradáveis, ame-os como irmãos.

Certa vez, um chefe de estado escreveu ao seu general, por ocasião de uma guerra civil, a respeito da execução de um oficial do exército inimigo: "Examinei pessoalmente todos os documentos deste caso e não vejo que se trate de um caso que mereça execução. Por isso, passo a questão ao senhor, confiando plenamente que fará o que é justo e correto; apenas, pedindo-lhe, meu caro general, que nada faça em represália pelo passado – só o necessário para garantir a segurança no futuro; lembro-lhe que não está lutando contra um inimigo estrangeiro, mas contra irmãos; e que nosso objetivo não é quebrar o espírito deles, e sim trazê-los de volta à antiga aliança. Vencer pela bondade, que seja essa a nossa política."

Não há limite nem medida a esse perdão essencialmente divino. Tratando-se de ofensas, pecados ou dívidas, de fato somos sempre devedores:

"Não fiqueis devendo nada a ninguém... a não ser o amor que deveis uns aos outros" (Rm 13,8). Nossa comunhão com Deus vivida na oração e na Eucaristia exige isso, explica São Cipriano de Cartago: "Deus não aceita o sacrifício dos que fomentam a desunião. Ele ordena que se afastem do altar para primeiro se reconciliarem com seus irmãos: Deus quer ser pacificado com orações de paz. Para Deus, a mais bela obrigação é nossa paz, nossa concórdia a unidade de todo o povo fiel, no Pai, no Filho e no Espírito Santo."

O perdão deve ser como os documentos de uma dívida que foi cancelada, documentos que devem ser rasgados ao meio, picados e queimados para nunca mais servirem a uma cobrança.

Perdoe e será perdoado. Mais ainda, Deus o cumulará com uma tamanha força e alegria que sentirá seu coração transbordar. Quando Jesus é o Senhor de nossas vidas, podemos viver em paz com nós mesmos e com os outros. O Espírito Santo cuida para que não desandem os nossos relacionamentos mais difíceis. Deus também não espera que consigamos perdoar somente com nossas próprias forças, sem que Ele nos ajude. Ele agirá em nós e por meio de nós se assim o quisermos e permitirmos.

Decida-se firmemente a viver em paz com as pessoas em sua vida. Liberte-as! Liberte-se a si mesmo! Não estrague sua vida acorrentado pelo ódio de quem quer que seja. Abra-se ao perdão neste mesmo momento.

O perdão começa no momento em que você se decide por ele, e a cura de seus sentimentos virá em seguida.

A oração de perdão ao ritmo da vida vai ajudar para que você se recorde e traga à luz de Deus os rancores, as tristezas e as mágoas guardados há tempos e que precisam ser curados pelo Senhor. O perdão será o remédio para essa cura. Assim que você fizer a oração a seguir, com atenção e tranquilidade, detenha-se um pouco mais onde notar que existe algo do seu passado que ainda não foi resolvido e peça ao Espírito Santo que lhe mostre o que é. Reze pelas pessoas e situações que Ele lhe revelar e perdoe. Ponha ali o selo do perdão.

Pai Santo, eu aceito perdoar a todos os que em minha vida me feriram ou prejudicaram. Eu me decido a perdoar a mim mesmo pois o Senhor já me perdoou. Obrigado, Senhor, por tua misericórdia para comigo. Eu me perdoo por ter pecado, fracassado e cometido tantos erros (conte ao Senhor o que mais o incomoda e, amparado pela sua força, diga: "também por isso, eu me perdoo").

Eu me perdoo por não acertar sempre e por não corresponder às minhas próprias expectativas; eu me aceito do jeito que sou. E vou parar de me desprezar e de me sabotar. Agora, abro mão de tudo o que eu trazia de lembranças e sentimentos contra mim mesmo. Eu me aceito e me amo. Rompo com as cadeias da falta de amor-próprio e rejeição de mim mesmo. Estarei em paz comigo mesmo, a partir de agora, pelo poder do Espírito Santo.

Aceito também perdoar minha mãe pelas experiências ruins que tivemos um com o outro, por atitudes que me magoaram e me fizeram acreditar que eu não era amado. Eu a perdoo principalmente por isto: ... (ore ao Espírito Santo para que mostre o que precisa ser curado). Eu a perdoo de todo o coração por qualquer excesso ou abuso que me oprimiram. Eu a perdoo por tudo o que me deixou faltar: presença, carinho e amor em profundidade. Eu a libero e a deixo em paz.

Eu perdoo meu pai por tudo o que não foi bom entre nós e pela falta de compreensão e aceitação para comigo. Perdoo pela falta de paciência e de amor. Perdoo de coração os abusos contra mim, as grosserias, as ofensas e por todo o bem do qual me privou. Eu o perdoo, neste momento, por não ter sido o pai de que eu precisava e por ter falhado comigo. Eu o entrego nas mãos de Jesus para que o liberte, perdoe e abençoe. A partir de agora, estou em paz com o meu pai.

Eu perdoo meu marido/minha mulher por todas as coisas tristes e feias que impusemos um ao outro, por termos desonrado a promessa de amor que nos fizemos e por toda dor que me causou até hoje.

Eu o/a perdoo por todas as mágoas desde que nos conhecemos até agora. Eu o/a entrego nas mãos de Jesus para que o/a liberte, perdoe e abençoe. A partir de agora, estou em paz com ele/ela.

Eu perdoo meus filhos pelos momentos de desrespeito e tristeza que me causaram e os abençoo para que estejam em paz.

Eu perdoo meus irmãos e irmãs por todas as agressões e humilhações que nos infringimos uns aos outros.

Eu perdoo meus familiares por todas as coisas negativas em nosso relacionamento, as mentiras, as fofocas, as manipulações, as crueldades. Eu apresento ao Senhor principalmente esta situação que tanto me feriu (ore ao Espírito Santo para que mostre o que precisa ser curado).

Eu perdoo meus antepassados por tudo o que fizeram de mal e que afetou nossa família, atrapalhando a minha vida hoje. Peço que o sangue de Jesus lave toda a má herança afetiva e espiritual que me dificulta viver como uma pessoa livre e amada por Deus. Eu os perdoo e faço as pazes com eles agora.

Eu perdoo meus amigos quando não me amaram, traíram e me magoaram. Eu os perdoo pelas vezes que me usaram e me dispensaram quando já não precisavam de mim. Eu os perdoo e lhes desejo a paz de Jesus.

Eu perdoo os patrões que me fizeram mal (ore ao Espírito Santo para que mostre o que precisa ser curado). Eu os liberto pelo perdão hoje, em nome de Jesus.

Eu perdoo os professores que me marcaram com lembranças tristes e dolorosas (ore ao Espírito Santo para que mostre o que precisa ser curado).

Eu perdoo tantos profissionais com os quais me relacionei em momentos de necessidade e que não me atenderam ou prejudicaram, advogados, policiais, médicos, enfermeiras, autoridades e outros mais (ore ao Espírito Santo para que mostre o que precisa ser curado).

Eu perdoo a todos os que me feriram ou desprezaram dentro da Igreja. A todos os que me decepcionaram quando se recusaram a me oferecer o amor fraterno e o apoio de que tanto precisava (ore ao Espírito Santo para que mostre o que precisa ser curado). Eu os perdoo em nome de Jesus.

Eu perdoo todos os que me feriram de alguma maneira. Eu perdoo aqueles que me machucaram ou a alguém de minha família por meio de atos violentos ou criminosos. Eu perdoo todos os que promoveram com atos ou omissões a injustiça social. Eu me liberto de todo ódio e mágoa que me vieram de onde eu não pude identificar, mas que me fizeram ter raiva das pessoas, da vida e até de Deus pelas crueldades que sofri.

Mas eu gostaria, neste momento, Senhor meu Deus, de perdoar especialmente aquela pessoa que mais me feriu na vida. Dá-me hoje esta graça. Concede-me o teu amor e a tua força para que eu o consiga. Eu aceito perdoar agora aquela pessoa que mais me custa perdoar. Eu escolho perdoá-la agora. Aliás, eu a perdoo em teu nome, Jesus. Mesmo que ainda me sinta magoada, mesmo que o rancor lateje dentro de mim. Ainda que seja alguém de minha família, um amigo ou alguém que deveria me proteger, mas, em vez disso, feriu-me profundamente.

Senhor, mostra o que mais eu preciso perdoar e que necessita de cura em meu coração. A quem queres que eu perdoe? (Ore ao Espírito Santo para que lhe mostre).

Hoje o Senhor me libertou. Obrigado, meu Deus!

Senhor, eu oro agora para que derrames a tua paz entre mim e essas pessoas. Dá-nos a tua bênção. Dá-nos um novo recomeço, uma nova vida. Glórias e louvores a ti, Senhor.

Propósito: ler um trecho do Catecismo da Igreja Católica sobre a Ressurreição de Jesus Cristo.

Dia 39

É IMPOSSÍVEL CONHECER JESUS DE VERDADE E NÃO AMÁ-LO

Eu sou a porta. Quem entrar por mim será salvo; poderá entrar e sair, e encontrará pastagem. O ladrão vem só para roubar, matar e destruir. Eu vim para que tenham vida, e a tenham em abundância. Eu sou o bom-pastor. O bom-pastor dá a vida por suas ovelhas. O assalariado, que não é pastor e a quem as ovelhas não pertencem, vê o lobo chegar e foge; e o lobo as ataca e as dispersa. Por ser apenas um assalariado, ele não se importa com as ovelhas. Eu sou o bom pastor. Conheço as minhas ovelhas, e elas me conhecem, assim como o Pai me conhece e eu conheço o Pai. Eu dou minha vida pelas ovelhas. (Tenho ainda outras ovelhas, que não são deste redil; também a essas devo conduzir, e elas escutarão a minha voz, e haverá um só rebanho e um só pastor.) É por isso que o Pai me ama: porque dou a minha vida. E assim, eu a recebo de novo" (Jo 10,9-17).

Jesus faz questão de que o conheçamos, não por sua força e majestade, mas por sua bondade para conosco. Por isso, apresenta a si mesmo: "Eu sou bom. Eu cuido com bondade. Eu conheço intimamente os que são meus, amo-os, e eles me amam de volta." Quem já teve um encontro pessoal com o Senhor sabe que é um amor correspondido.

É impossível conhecer Jesus de verdade e não amá-lo. Se alguém não o ama é porque ainda não teve essa graça chamada "encontro pessoal com Jesus". Aliás, esse é o grande perigo que corremos: nos encantar com as coisas de Deus e não termos amor pelo Deus que criou todas as coisas. É um perigo que o nosso coração não seja Dele.

Precisamos ver se estamos sendo Dele, se o conhecemos de verdade, se estamos na luz de Deus; pois não basta dar ao Senhor a nossa mente, temos de entregar-lhe também o coração. Amar a Deus concretamente, em tudo o que fazemos. Sim! Precisamos de fé, de convicção, mas sempre com amor. Fé sem amor até os demônios têm (Tg 2,19).

Quem ama, de verdade, faz tudo para agradar o outro. Quem desagrada a Deus mostra que não se importa com Ele. Quem diz: "Eu conheço/eu amo Jesus", mas não guarda os seus mandamentos está mentindo para si e para os outros (1Jo 2,4). E, justamente, para desfazer esse engano, Jesus cita o seu exemplo ao ensinar: "a prova de que eu amo o Pai e sou amado por Ele está naquilo que eu faço, dou minha vida por aqueles que Ele me confiou", ou seja, "este amor que me leva a morrer pelos meus irmãos mostra o quanto eu amo o Pai, o meu amor se mostra naquilo que eu faço".

Graças a esse amor, você e eu temos uma saída que será a nossa salvação: Jesus é a porta para escaparmos, mas não para qualquer lugar. Seu livramento é também um acesso: por Ele, escapamos da morte e da destruição para uma vida que não acaba mais, a vida eterna.

Quem crê em Jesus entra na salvação e escapa das trevas para a luz; livra-se da opressão do diabo, rumo à liberdade dos filhos de Deus.

Todo aquele que segue Jesus, com simplicidade de coração, não vive à míngua, não é esgotado pela tristeza nem desconjuntado pelas pancadas do sofrimento; ao contrário, todos os dias o Senhor se manifesta a ele e o renova. No deserto deste mundo, Deus o leva a um oásis de alegrias profundas, a um paraíso sempre cheio de vida.

O que dá forças a quem caminha com o Senhor é o rosto do próprio Deus sempre presente, é sua luz sempre acesa e sua sabedoria que o guia em tudo sem jamais errar, trair ou abandonar.

Precisamos, hoje, buscar essa presença. Quem vive tudo o que vive na presença de Deus enfrenta tudo tendo o céu, os santos, os anjos, Nossa Senhora e o próprio Deus em seu favor.

Precisamos ser contagiados e inflamados pela alegria de quem já fez essa experiência: corações ao alto! Que a nossa fé se afervore nas verdades em que acreditamos e que nos incendeie o coração com o desejo pelas coisas do céu. Ah! Quem ama assim já está no caminho.

Não deixe nenhuma contrariedade, decepção, dificuldade ou traição tirar de você a alegria interior. Estamos a caminho. Os males e os incômodos vão passar. O que importa é chegar lá.

Quando uma pessoa pretende mesmo chegar a determinado lugar, não há empecilho ou obstáculo no caminho que a faça desistir de chegar aonde quer.

Não se iluda com nenhuma conversa sedutora sobre prosperidade. Toda prosperidade neste mundo é falsa se por causa dela eu me afasto do céu. Cuidado com tudo o que tira nossos olhos do que é eterno a fim de nos fazer perseguir o que é passageiro.

Seria imbecil o viajante que encantado com as belezas do caminho se esquecesse de continuar a viagem até o fim.

Na batalha em que vivemos, Jesus é a porta do refúgio, é também o bom pastor que se interpõe entre nós e o dragão que nos faz guerra (Ap 12,7-18).

Jesus, eu creio que foste glorificado em tua ressurreição, que estás cheio do Espírito Santo e que possuis a autoridade absoluta. Teu Nome, Senhor, está acima de todo nome. E ninguém está acima de ti.

Diante de ti, eu me ajoelho agora (ajoelhe-se) e curvo meu coração em tua presença, em sinal de que te reconheço como meu Senhor, o dono de toda a minha vida, me abandono completamente em tuas mãos e me rendo à tua vontade para que faças de mim o que bem entenderes.

Quero que sejas tu, Senhor, o primeiro e mais amado em minha vida, e não mais eu. Vem governar a minha vida. A par-

tir de agora, que ela vá na direção que tu determinares. Faz-me amar a tua vontade. Faz-me querer o que tu queres e cumprir o que tu mandas.

Entrego-te todo o meu ser. Quero ser teu, só teu e de mais ninguém. Proclamo-te Senhor de toda a minha vida; meu único Senhor. Não quero servir nem ao dinheiro, nem ao prazer, nem ao meu egoísmo ou a qualquer outro vício ou desejo que me separe de ti. Eu me dou a ti para sempre. Entrego-te toda a minha vida definitivamente. Toma todas as decisões conforme a tua vontade, e que eu aprenda de Nossa Senhora a ser um servo de tua Palavra. Não há outro modo de ser inteiramente livre senão me entregando completamente a ti.

A vida que agora eu quero é aquela em que tu vens viver em mim. Senhor, vive em mim. Dá-me tua vida em troca da minha, que te entrego para sempre.

Sei que aceitas a minha entrega, como eu também aceitei o teu apelo.

Abro a minha vida inteira para ti, sem colocar qualquer condição ou limite. Entra em mim, toma posse de mim e fica comigo por toda a vida, Senhor.

Propósito: oferecer o terço pelos injustiçados.

Dia 40

SANGUE, SUOR E LÁGRIMAS

"Nisto consiste a graça: sofrer injustamente, suportando as aflições, com a consciência da presença de Deus. Pois que merecimento há em fazer o mal e suportar castigo por isso? Entretanto, se fazeis o bem e suportais o sofrimento, isto vos torna agradáveis junto a Deus. De fato, para isto fostes chamados. Pois também Cristo sofreu por vós deixando-vos um exemplo, para que sigais os seus passos. Ele não cometeu pecado algum, mentira nenhuma foi encontrada em sua boca. Quando injuriado, não retribuía as injúrias; atormentado, não ameaçava; antes, colocava a sua causa nas mãos daquele que julga com justiça. Carregou nossos pecados em seu

PRÓPRIO CORPO, SOBRE A CRUZ, A FIM DE QUE, MORTOS PARA OS PECADOS, VIVAMOS PARA A JUSTIÇA. POR SUAS FERIDAS FOSTES CURADOS. ANDÁVEIS DESGARRADOS COMO OVELHAS, MAS AGORA VOLTASTES AO PASTOR E PROTETOR DE VOSSAS VIDAS" (1PD 2,19-25).

Tudo de bom se conquista assim, com sangue, suor e lágrimas. Assim vencemos as ameaças deste mundo e os medos que nos assombram. Do que você tem medo? Do futuro, da doença, da morte, de sofrer violências?

É também com sangue, suor e lágrimas que escapamos das seduções do pecado e pisamos aos pés as ofertas do tentador. O que tem tentado você? Dinheiro, sexo, poder?

É pelo sangue de Cristo, e é resistindo até ao sangue, que vencemos o diabo, que nos persegue; vitória que alcançamos quando doamos a própria vida por amor: "Jesus deu a vida por nós. Portanto, também nós devemos dar a vida pelos irmãos" (1Jo 3,16).

Há um tipo de vitória que você só alcança quando se doa; inclusive, com o coração sangrando, muitas das vezes. Quando uma pessoa entende isso, nunca mais ela se afasta da missa; nunca mais ela abandona a Eucaristia. Pois ali ela recebe essa vida que liberta, fortalece e faz vencer; e, ali, ela aprende com Jesus a se doar até ao sangue. Agir assim é amar a Jesus em sua vida e imitá-lo em sua morte.

É o que precisamos fazer: "Quem ama mesmo Jesus também o imita." Não existe maior demonstração de amor a nosso Senhor do que segui-lo em tudo: "Cristo sofreu por vós, deixando-vos um exemplo para que sigais os seus passos" (1Pd 2,21). Ou seja, o sofrimento e a morte de Cristo tocam aqueles que caminham em seu seguimento. Essa é a razão pela qual alguns seguiram o Senhor mesmo à custa de derramarem o próprio sangue.

Esse caminho, contudo, não está reservado somente aos mártires. A estrada não foi fechada depois do que eles fizeram. A fonte de onde eles beberam não secou. Por essa mesma via vão também aquelas que são virgens por causa de Deus, os que se casaram no Senhor, as viúvas que se consagram por amor ao Reino dos Céus.

Todos esses exemplos nos foram dados para que nenhum de nós desanime de florescer onde Deus nos plantou. Você também é parte do jardim do Senhor, e Jesus morreu por você para que você seja santo no seu estado de vida, quer casado, quer solteiro, quer religioso. É onde você está, na família a que você pertence, com os desafios que você enfrenta, que vale a palavra: "Ele quer que todos se salvem e cheguem ao conhecimento da verdade."

Houve um monge que foi ser eremita no deserto porque estavam matando os cristãos na cidade. Quando lhe perguntaram a respeito disso, ele disse: "Eu sou um falsificador. Tendo fugido da coroa do martírio, tento agora fabricar uma cópia, a coroa da penitência, na esperança de que meu Senhor a aceite."

Se nem todos são chamados ao martírio sangrento e nem todos correram perigo de morte, então como imitar Jesus até o limite? Paulo responde: "Sendo Ele de condição divina, não se prevaleceu de ser igual a Deus," Que majestade! Mas, majestoso, aniquilou-se, humilhou-se, fez-se semelhante a nós e foi reconhecido como homem. Que humildade! Cristo humilhou-se. Aqui está a passagem aberta, aqui está a fonte que espera nossos lábios: Cristo se humilhou. E, se Ele se humilhou, por que você e eu ainda nos enchemos de orgulho?

No entanto, todo tempo de humilhação tem um fim. Terminado aquele tempo de humilhação, tendo derrotado a morte, Cristo subiu ao céu. Vamos atrás dele! Vamos colar em suas pegadas! Vamos na fé.

Experimente! Ponha em prática aquilo que vai fazer você subir para junto de Deus, tudo o que eleva você como pessoa, nunca o que rebaixa sua vida: "Se ressuscitastes com Cristo, descobri o sabor das coisas do alto, onde Cristo está assentado à destra de Deus."

Meu Pai, entrego-me a vós.

Fazei de mim o que for do vosso agrado.

O que quiserdes fazer de mim, eu vos agradeço.

Estou pronto para tudo, aceito tudo, desde que vossa vontade se realize em mim e em todas as vossas criaturas.

Não desejo outra coisa, meu Deus!

Deponho minha alma em vossas mãos.

Eu vo-la dou, meu Deus, com todo o amor do meu coração, porque vos amo e porque para mim é uma necessidade de amor dar-me, entregar-me em vossas mãos, sem medida, com uma confiança infinita, pois sois meu Pai. (Charles de Foucauld)

Propósito: fazer alguns minutos de oração agradecendo a Deus por tudo o que Ele lhe concedeu.

Reta final

Quem se expõe à Palavra de Deus é transformado por ela. Ela o muda para sempre. Recebe um tesouro que jamais o abandonará. O Senhor agiu em nós em cada palavra aprendida, meditada e vivida nesses 40 dias. Ele esteve conosco, ouviu nossas orações e continuará a fazê-lo. Tendo chegado até aqui, a nossa meditação, oração e propósito final será participar nos próximos dias, ativamente, da Semana Santa: participar da liturgia de cada dia e rezar com as orações da Igreja. Nosso propósito agora é mergulhar na Paixão do Senhor e deixar que Ele faça seu milagre em nós. Ele continua tendo o poder de nos mergulhar em sua morte para nos fazer ressurgir plenos de vida.

Vamos confiar que Ele tem uma graça maior do que a que sabemos pedir! O que viveremos nos próximos dias não é uma representação ou uma simples e piedosa lembrança, e sim o poder do Sangue de Cristo e de sua Ressurreição a nos envolver e transformar. Na liturgia, cai a barreira do tempo, e o mistério da redenção se atualiza hoje para quem tem fé. Participar dela é fazer como a hemorroíssa, que estendeu a mão e tocou na orla do manto do Senhor, é fazer como Tomé, que pôs o dedo nas chagas Dele; se o fizer com fé, verá sair dali uma força que o levará também a dizer: "Meu Senhor e meu Deus, eu vos adoro."

ÍNDICE ALTERNATIVO

Para aqueles que quiserem utilizar este roteiro de retiro para a quaresma de 2024, segue a nossa sugestão. Lembrando que você pode rezar também com os textos da liturgia diária.

3º dia – página 42
16 de fevereiro de 2024
Primeira leitura (Is 58,1-9a)
Salmo responsorial (Sl 50)
Evangelho (Mt 9,14-15)

4º dia – página 48
17 de fevereiro de 2024
Primeira leitura (Is 58,9b-14)
Salmo responsorial (Sl 85)
Evangelho (Lc 5,27-32)

5º dia – página 54
18 de fevereiro de 2024
Primeira leitura (Gn 9,8-15)
Salmo responsorial (Sl 24)
Evangelho (Mc 1,12-15)

6º dia – página 60
19 de fevereiro de 2024
Primeira leitura (Lv 19,1-2.11-18)
Salmo responsorial (Sl 18)
Evangelho (Mt 25,31-46)

7º dia – página 64
20 de fevereiro de 2024
Primeira leitura (Is 55,10-11)
Salmo responsorial (Sl 33)
Evangelho (Mt 6,7-15)

8º dia – página 70
21 de fevereiro de 2024
Primeira leitura (Jn 3,1-10)
Salmo responsorial (Sl 50)
Evangelho (Lc 11,29-32)

9º dia – página 74
22 de fevereiro de 2024
Primeira leitura (1Pd 5,1-4)
Salmo responsorial (Sl 22)
Evangelho (Mt 16,13-19)

10º dia – página 80
23 de fevereiro de 2024
Primeira leitura (Ez 18,21-28)
Salmo responsorial (Sl 129)
Evangelho (Mt 5,20-26)

11º dia – página 84
24 de fevereiro de 2024
Primeira leitura (Dt 26,16-19)
Salmo responsorial (Sl 118,1-8)
Evangelho (Mt 5,43-48)

12º dia – página 92
25 de fevereiro de 2024
Primeira leitura (Gn 22,1-2.9a10-13.15-18)
Salmo responsorial (Sl 115)
Evangelho (Mc 9,2-10)

13º dia – página 96
26 de fevereiro de 2024
Primeira leitura (Dn 9,4b-10)
Salmo responsorial (Sl 78)
Evangelho (Lc 6,36-38)

14º dia – página 102
27 de fevereiro de 2024
Primeira leitura (Is 1,10.16-20)
Salmo responsorial (Sl 49)
Evangelho (Mt 23,1-12)

15º dia – página 108
28 de fevereiro de 2024
Primeira leitura (Jr 18,18-20)
Salmo responsorial (Sl 30)
Evangelho (Mt 20,17-28)

16º dia – página 114
29 de fevereiro de 2024
Primeira leitura (Jr 17,5-10)
Salmo responsorial (Sl 1)
Evangelho (Lc 16,19-31)

17º dia – página 118
1º de março de 2024
Primeira leitura (Gn 37,3-4.12-13.17b-28)
Salmo responsorial (Sl 104,16-21)
Evangelho (Mt 21,33-43.45-46)

18º dia – página 122
2 de março de 2024
Primeira leitura (Mq 7,14-15.18-20)
Salmo responsorial (Sl 102,1-12)
Evangelho (Lc 15,1-3.11-32)

19º dia – página 126
3 de março de 2024
Primeira leitura (Ex 20,1-17 / Forma breve – Ex 20, 1-3.7-8.12-17)
Salmo responsorial (Sl 18)
Evangelho (Jo 2,13-25)

20º dia – página 132
4 de março de 2024
Primeira leitura (2Rs 5,1-15a)
Salmo responsorial (Sl 41)
Evangelho (Lc 4,24-30)

21º dia – página 138
5 de março de 2024
Primeira leitura (Dn 3,25.34-43)
Salmo responsorial (Sl 24)
Evangelho (Mt 18,21-35)

22º dia – página 142
6 de março de 2024
Primeira leitura (Dt 4,1.5-9)
Salmo responsorial (Sl 147)
Evangelho (Mt 5,17-19)

23º dia – página 148
7 de março de 2024
Primeira leitura (Jr 7,23-28)
Salmo responsorial (Sl 94)
Evangelho (Lc 11,14-23)

24º dia – página 152
8 de março de 2024
Primeira leitura (Os 14,2-10)
Salmo responsorial (Sl 80,6-17)
Evangelho (Mc 12,28b-34)

25º dia – página 158
9 de março de 2024
Primeira leitura (Os 6,1-6)
Salmo responsorial (Sl 50)
Evangelho (Lc 18,9-14)

26º dia – página 162
10 de março de 2024
Primeira leitura (2Cr 36,14-16.19-23)
Salmo responsorial (Sl 136)
Evangelho (Jo 3,14-21)

27º dia – página 166
11 de março de 2024
Primeira leitura (Is 65,17-21)
Salmo responsorial (Sl 29)
Evangelho (Jo 4,43-54)

28º dia – página 170
12 de março de 2024
Primeira leitura (Ez 47,1-9.12)
Salmo responsorial (Sl 45)
Evangelho (Jo 5,1-16)

29º dia – página 174
13 de março de 2024
Primeira leitura (Is 49,8-15)
Salmo responsorial (Sl 144)
Evangelho (Jo 5,17-30)

30º dia – página 178
14 de março de 2024
Primeira leitura (Ex 32,7-14)
Salmo responsorial (Sl 105)
Evangelho (Jo 5,31-47)

31º dia – página 184
15 de março de 2024
Primeira leitura (Sb 2,1a12-22)
Salmo responsorial (Sl 33)
Evangelho (Jo 7,1-2.10.25-30)

32º dia – página 188
16 de março de 2024
Primeira leitura (Jr 11,18-20)
Salmo responsorial (Sl 7)
Evangelho (Jo 7,40-53)

33º dia – página 192
17 de março de 2024
Primeira leitura (Jr 31,31-34)
Salmo responsorial (Sl 50)
Evangelho (Jo 12,20-33)

34º dia – página 198
18 de março de 2024
Primeira leitura (Dn 13,41c-62)
Salmo responsorial (Sl 22)
Evangelho (Jo 8,1-11)

35º dia – página 204
19 de março de 2024
Primeira leitura (2Sm 7,4-5a.12-14a.16)
Salmo responsorial (Sl 88)
Evangelho (Mt 1,16.18-21.24a)

36º dia – página 208
20 de março de 2024
Primeira leitura (Dn 3,14-20.24.49a.91-92.95)
Salmo responsorial (Dn 3,52-56)
Evangelho (Jo 8,31-42)

37º dia – página 212
21 de março de 2024
Primeira leitura (Gn 17,3-9)
Salmo responsorial (Sl 104,4-9)
Evangelho (Jo 8,51-59)

38º dia – página 218
22 de março de 2024
Primeira leitura (Jr 20,10-13)
Salmo responsorial (Sl 17)
Evangelho (Jo 10,31-42)

39º dia – página 228
23 de março de 2024
Primeira leitura (Ez 37,21-28)
Salmo responsorial (Jr 31,10-13)
Evangelho (Jo 11,45-56)

40º dia – Domingo de Ramos – página 234
24 de março de 2024
Evangelho (Mc 11,1-10)
Primeira leitura (Is 50,4-7)
Salmo responsorial (Sl 21)
Evangelho (Mc 15,1-39 – forma breve)

cn plus
A EXPERIÊNCIA
QUE
TRANSFORMA
O CN PLUS É O SERVIÇO DE STREAMING DO SISTEMA DE CANÇÃO NOVA DE COMUNICAÇÃO. AQUI VOCÊ ENCONTRA PREGAÇÕES, PROGRAMA, MÚSICAS E DOCUMENTÁRIOS, BEM COMO TODO O LEGADO DO MONSENHOR JONAS ABIB. A EMOÇÃO DO PRESENTE EM TRANSMISSÕES AO VIVO, E AS MEMÓRIAS DO PASSADO EM UM ACERVO SURPREENDENTE.
BAIXE O APP
App Store
Google Play
cnplus.cancaonova.com
Canção Nova
SISTEMA DE COMUNICAÇÃO
*Para acessar o conteúdo do CN Plus você precisa ter acesso à internet.

Existem muitas formas de ajudar a Canção Nova!
Seja um Sócio Evangelizador pelo:
Pix
Boleto Bancário
Cartão de Crédito
Débito Automático
Você também pode realizar sua doação utilizando a chave PIX:
pix.doacao@cancaonova.com
Verifique se o Beneficiário é Rádio Canção Nova.
Sua ajuda transforma vidas!
Mais informações (12) 3186-2600
(número que também é Whatsapp).